本书为浙江万里学院学术著作出版资助项目

BALANCING IN UNCERTAINTY

PRACTICES AND COMPETENCIES OF
SOCIAL WORK SUPERVISION

平衡之困

社会工作中的督导实践
与胜任策略

史天琪◎著

ZHEJIANG UNIVERSITY PRESS
浙江大学出版社
·杭州·

图书在版编目（CIP）数据

　　平衡之困：社会工作中的督导实践与胜任策略／史
天琪著. ——杭州：浙江大学出版社，2024.8
　　ISBN 978-7-308-24832-7

　　Ⅰ. ①平… Ⅱ. ①史… Ⅲ. ①社会工作－监督－研究
Ⅳ. ①C916

　　中国国家版本馆 CIP 数据核字（2024）第 075337 号

平衡之困：社会工作中的督导实践与胜任策略

史天琪　　著

责任编辑	马一萍	
责任校对	陈逸行	
封面设计	雷建军	
出版发行	浙江大学出版社	
	（杭州市天目山路 148 号　邮政编码 310007）	
	（网址：http://www.zjupress.com）	
排　　版	杭州好友排版工作室	
印　　刷	杭州高腾印务有限公司	
开　　本	710mm×1000mm　1/16	
印　　张	13.25	
字　　数	204 千	
版 印 次	2024 年 8 月第 1 版　2024 年 8 月第 1 次印刷	
书　　号	ISBN 978-7-308-24832-7	
定　　价	78.00 元	

序

自 2006 年党的十六届六中全会提出"建设宏大的社会工作人才队伍"以来,中国的社会工作发展迅猛。特别是党的二十大明确了社会工作者是我国基层社会治理的一支专业力量,发挥着重要作用后,全国乡镇(街道)社工站全面铺开,中国社会工作的高质量发展势在必行。作为社会工作高质量发展的重要保障的督导工作也因此受到越来越多的关注,被视为中国社会工作在"十四五"时期深度职业化的重要支撑。

什么是督导工作?如何才能成为优秀的督导?这个问题不解决将会制约中国社会工作的发展。实际上,回顾西方 100 多年的督导发展历史就可以发现,督导概念的内涵是不断变化的,它与人们对于人如何成长的理解的变化紧密相连。尽管人们对于督导的内涵有多种理解,但是简单概括起来,它主要包括三种界定方式。一种是事务的界定,即把督导视为一项具体工作。这种督导界定方式要求人们站在第三方的客观立场审视督导的内涵,即督导需帮助督导对象(社会工作者)解释实务工作中遇到的疑惑。此时的督导就是我们常见的对于督导内涵的界定,它包括教育、行政和支持三大功能,是为了帮助督导对象(社会工作者)更好地掌握实务工作。第二种是经验的界定,即督导是为了促进人的成长。这种督导界定方式会关注督导者如何协助督导对象梳理实务工作中的经验,并且通过经验的梳理帮助督导对象找到更有效的应对实务工作的方法。第三种是建构的界定,即把督导视为督导者与督导对象相互影响、相互建构的过程,这需要双方的投入,也会带来双方的成长改变。以建构视角来看,督导没有预先规定的内涵,而是督导过程中由督导者与督导对象双方相互创造的过程。显然,这三种界定方式是层层递进的。尽管它们对于督导拥有不同的观察视角和界定方式,但是呈现了一个非常明显的趋势,就是督导的情境化,把督导与督导对象的情境联系起来,在情境中观察、理解督导的内涵。这样,督导也就与所在地的机构情境和制度情境有了内在关联。好的督导不再是冷冰冰的抽象化、标准化的专业技术指导,而是具有人文关怀的情境化、个别化的成长改变的探索。

中国社会工作这十几年的职业化和专业化发展依赖民政部门的推动,以社区现实生活情境为主要的工作场域。而在社会工作者成为基层社会治理的一支重要专业力量之后,情境化服务成为中国社会工作最显著的特征,即中国社会工作者需要走出办公室到居民熟悉的现实生活情境中开展专业的社会工作实践。当然,保障中国社会工作高质量发展的中国社会工作督导也不例外,它也需要围绕情境化服务开展专业督导。这样,督导与情境以及专业服务之间的关系就成为中国社会工作督导的关键议题。有过督导经验的人都知道,不同的情境需要不同的督导呈现方式,有效的督导需要结合情境的要求。而这一点恰恰也是社会工作者开展专业服务的要点。社会工作者需要学会借助情境呈现自己掌握的社会工作专业技术。显然,只有借助情境的作用,督导者才能突破与督导对象之间的理解隔阂。

史天琪老师的《平衡之困:社会工作中的督导实践与胜任策略》一书紧紧抓住了督导胜任力这一核心概念来开展研究。督导胜任力不同于督导能力,它包含了情境对于督导的要求,是特定情境中的督导能力。可见,从研究的一开始,史天琪老师就把情境这一概念融入了督导内涵中,放在了研究的中心位置。有了这样的研究设计之后,史天琪老师就能够以情境为主线分析督导的不同呈现方式。实际上,人们对于情境这个概念的理解是较为模糊的,这不仅因为情境概念本身就不清晰,它既可以指人们日常赖以生活的具体的家庭或者社区,也可以代表非常抽象的地区或者国家,而且情境概念往往具有多个层次,很难用某个层次去替代全部。为此,史天琪老师以三个层次去细化情境的内涵：督导的情境、机构的情境和制度的情境。督导的情境是针对督导者与督导对象而言的，它是考察督导工作的过程时运用的重要概念，让人们理解督导内涵有了现实的基础；机构的情境是针对督导者所处的专业服务机构来说的，它是对督导者自身的工作场域和利益关系的考察，让人们理解督导内涵有了组织背景的内容；制度的情境则是把督导放在了更大的社会制度背景下来考察，包括社会工作行业协会的发展以及相关督导政策制度的出台等，此时的督导就具有了社会内涵。正是借助督导的情境、机构的情境以及制度的情境这三个层面的考察，史天琪老师向读者展示了中国社会工作督导内涵的丰富性和复杂性，不仅表明督导具有专业技术的内涵，而且表明督导拥有社会制度的诉求。

　　值得注意的是，史天琪老师的督导研究并没有停留在对现象的观察与分析层面上，而是将督导创造的权力归还给了每一位从事实际督导工作的督导者和督导对象。因为在史天琪老师看来，情境只是给每一位参与者提供了现实的条件，而事件的结果还依赖参与者自身能动性的发挥，人与情境始终处于一种既相互制约又相互成就的影响中。在这里，史天琪老师希望破除那种看似科学实际上却是决定论附身的因果规律的研究，或者看似有人文关怀实际上却是唯意志论预设的个人内在经验的探究，通过督导工作向人们呈现人的客观现实生活状况，这是一种人始终生活在现实情境中又受到现实情境影响的客观现实的写照。

　　任何一项研究都是研究者对自己生活的领悟，尤其是社会工作的研究，它始终需要研究者融入人们遭遇困境的现实生活情境中，在这样的困境中寻求人的成长改变的规律。因而，社会工作研究也具有了鲜明的实务性和解放性。所谓实务性是指社会工作研究具有解决实际问题的有效性。脱离了这种有效性，由社会工作研究产生的知识就会在现实面前止步；所谓解放性，是指社会工作研究能够带给研究对象自我能力的提升，让人们在现实困难面前重新拥有改变的希望和能力，不再畏惧现实的困难。史天琪老师的督导研究就是这样一种社会工作研究，它带给读者的不仅仅只是研究的结论，而是研究的视角和态度，让研究成为人们改变现实生活的有力武器。

　　衷心祝贺这样的研究成果的出版,也希望更多的人加入社会工作研究队伍中。

　　　　　　　　　　　　　　　　　　　　　　　童　敏

　　　　　　　　　　　　　　　　　　　　厦门大学社会工作系

　　　　　　　　　　　　　　　　　　　　2023 年 6 月 22 日

前　言

帮助他人是人类的美好道德品性,也是人之社会属性的呈现和人的社会功能之一。自古以来,助人为乐被视为一种自发的利他行为,直到现代社会,"助人"才发展出其对应的职业属性。19世纪末,科学慈善理念的兴起推动对助人成效问题的探究,慈善组织会社、睦邻组织分别从如何帮助个体、如何帮助社区等层面进行了实践,进而为专业的助人职业——社会工作的形成和发展创造了条件。社会工作是一门以"助人"为工作任务、以困弱人群为主要工作对象(服务对象)的职业。社会工作者通过专业的助人理念和方法,帮助因时代变迁、社会环境、个人能力等因素交织而陷入困境的个人或群体走出阴霾。困难的生活并非某个因素单独作用而造成的,因此,社会工作服务过程涉及识别需求和困难、选择助人策略、计划介入过程、评估服务成效等环节和内容。

社会工作作为一门实践型的社会科学,更注重"专业知识的有用性"。然而,由于社会工作实践情境的模糊性(Schön,1984),专业知识的学习与专业知识的使用存在较大的转化空间与实践落差。有学者曾尖锐地指出:"社会工作实务和社会工作知识长久以来处于矛盾关系之中,社会工作专业强调理论与实务的整合,然而这只停留在表达层面,而非事实层面。"(Brown,1995)我国社会工作专业正处在快速发展阶段向高质量发展阶段的过渡期。快速发展时期持续累积的人才与服务机构数量,如何在过渡阶段转化为决定社会工作自由裁量权和职业地位的关键因素的服务质量、服务成效、人才的专业能力,是我国社会工作在高质量发展时期的必备要素。纵使顶层制度对社会工作参与社会治理、乡村振兴、司法矫正等重要民生领域给予了强烈的支持信号,但社会工作的发展依旧绕不过专业教育到实践应用的落差。这种落差的表象包括专业人才的缺失、专业教育数量与就业选择数量的巨大差值、服务质量和成效验证性不足、不完善的职业环境等。在具体实务情境中,社会工作者经常因实践体制脉络的不稳定性和目标的模糊性、变动性,在价值、目标、效率和效益之间难以判断和决策。督导作为社会工作专业实践的重要环节,在帮助社会工作者成长、协助处理服务过程中的"疑难杂症"、协调行政工作和提供情绪支持等方面发挥着重要作用。

近年来,社会工作专业人才数量与岗位数量不断增多,专业服务要求不断提高,对社会工作督导的需求也日益激增。在社会工作督导者投入督导工作的同时,他们也将面对工作情境中存在的各种模糊状态、不确定性甚至是矛盾和冲突。作为"舶来品"的社会工作督导知识的本土适应问题、社会工作督导者的实践空间和专业职责,以及社会工作督导实践的有效性等问题亟须探索。在我国专业督导知识建构滞后的背景下,作为行业中坚力量的专业督导们是如何处理专业知识、实践规范和情境关系的?这些有待深入探讨的问题,引发了笔者深入探究本土实践情境中社会工作督导实践样态的欲望。专业实践既具有个体特点,也具有共性特征。它不仅包含了技术理性,还涉及动态模糊的默会知识。专业实践是在特定情境中情境结构形塑与个体主观能动之间相互影响、相互作用的基本表现。笔者通过质性研究法,从行动者—情境视角出发,将专业督导置于制度、组织与(督导)个体关联交织的实践情境中展开分析,探析专业督导实践的主要行动者(督导者)在动态变化又不断交错博弈的实践情境中的胜任策略。本书以六个章节呈现研究内容。

第一章是研究背景、文献综述和研究设计部分,主要对当前社会工作督导发展的现状与问题进行简述,梳理了社会工作督导胜任力相关研究、西方专业发展脉络下社会工作督导的相关知识,以及我国社会工作督导的发展和研究现状,进一步对已有研究作出评述以锚定本书的研究问题与研究视角。之后介绍本书所使用的研究方法论与获取资料的具体方法和过程、数据分析的方法与程序,最后对案例的基本信息和选取标准进行说明。

第二章至第五章是本书的核心部分。这四章结合具体资料,分别从"制度情境""组织情境""个体互动情境"出发,结合督导者的行动策略和意义分别做专门性分析。

第二章主要关注的是社会工作督导在中国社会制度情境变迁过程中所经历的实践转变。通过梳理我国社会工作督导的发展脉络,总结出我国社会工作督导的主要发展阶段,继而提炼出不同阶段社会工作督导所嵌入的制度情境特征以及制度情境特征对督导发展趋势、实践特点、督导从业人员产生的作用,指出在现阶段专业督导的发展呈现出制度支持、多种类型并存且逐渐"由外部支持向内部生产"过渡的发展特征。

第三章主要讨论"督导身份"的获取途径以及不同类型的获取途径是如何对督导者胜任力产生影响的。通过比较深圳和厦门两地的督导身份的获取路径,呈现地方政府部门和行业协会在推行专业督导资质认证方面的重要作用,尤其是不同的经济支持和业务捆绑方式对组织选择的督导者类型和督导业务范围产生的影响。

第四章的主题是社会工作督导在组织情境中的多重角色与胜任策略。这章从社会工作督导者在其工作场所中所处的位置、角色和承担的职责出发,讨论督导实践在组织情境中呈现的不同样态特征,建构组织情境中的"流动的督导"内涵及其合理性,论证视组织情境而灵活采取相应督导方式、灵活界定督导者角色的组织结构原因。

第五章聚焦督导者和督导对象的微观互动情境,围绕专业督导的开展方式、督导过程、督导内容和督导关系等方面进行分析,探讨督导者在平衡专业化和情境化要求时所采取的行动策略及其行动逻辑。

第六章对所有研究发现进行了系统而扼要的总结,概括督导者胜任力——以适应情境为首要目标的情境胜任力——的生成机制与发展路径,进一步廓清实践情境与督导实践互动中形成的社会工作督导样态的表征、特点及实践策略。尽管本书并未能对不同领域、不同组织、不同地区的督导实践进行全景式描述,但一定程度上补充了有关督导本土化及本土化的督导知识，丰富了对于情境与专业实践互动过程的理解。

　　本书中呈现的访谈、观察等调研资料的时效范围是 2015—2019 年。很显然，这些调研资料至少已经过去五年之久，在我国社会工作快速发展的进程中，五年足够产生许多大事件、大变化。例如，2019 年笔者博士学位论文调研进入尾声，那时社会工作站还未全面铺开建设，但到 2021 年民政部办公厅《关于加快乡镇（街道）社工站建设的通知》（民办函〔2021〕20 号）文件的出台，标志着社会工作站建设进入提质增量的加速建设阶段；再如，在 2015 年福建省初级社会工作督导班开班之际，高级社会工作师证照体系还未健全，更未曾料到首届初级督导班的学员中诞生出多位福建省首批高级社会工作师！不过，纵使发展变化如此迅速，同样也存在许多遗留或新增的有待探究、解决的议题。聚焦到社会工作专业督导领域，督导如何发挥作用、我国督导的本土化理论和实务模式构建及其成效，以及行政功能和专业功能之矛盾与平衡的议题仍未有效解决。因此，本书的目的既不在于探究未来社会工作专业督导的发展走向，也不在于回溯或解释已形成的督导知识体系，而是对 2015—2019 年笔者所经历和体验的社会工作督导的发展和实践进行情境式呈现，以期透过个体实践、组织策略、制度环境的差异来窥探专业督导胜任力之生成过程，以此启发后来者在探索我国社会工作知识体系脉络时需关注本土情境的不同维度与实践者胜任策略之间的相互作用。

　　本书的结论指出，在平衡"应然"与"实然"的过程中，社会工作督导实践生成了介于传统意义上的一般胜任力与专业胜任力之间的情境胜任力——专业实践规范与本土情境规则互动的产物。情境胜任力以适应情境为主要目的，专业实践者根据所嵌入的情境而策略性地采取相应的行为，形成本土化督导议题中特征明显的情境便利性实践现象。情境胜任力的生成以及相应后果，一方面凸显了国内督导机制不完善与督导者角色定位不清的普遍弊端；另一方面启发研究者将专业助人领域胜任力的探索从"结果视角"转向"过程视角"，以在变动不居的实践环境中趋近专业知识与现实实践的有效联结之路。

目　　录

第一章　导　论

第一节　研究背景与问题

自 20 世纪 80 年代我国恢复社会工作专业教育培养以来,专业社会工作在我国的发展经历了一系列变化,例如学位点建设、证照化体系逐步完善、社会工作机构和岗位数量不断增多、全面推进镇(街)社会工作服务站等一系列专业化和职业化建设。许多现象表明,当前我国社会工作已经从快速发展时期向高质量发展迈进,国家宏观政策导向不断释放出支持社会工作发展的政策信号。快速发展阶段面临的社会工作专业人才缺失、专业能力有待提升和服务质量堪忧等现实问题[①],直接影响着社会工作的高质量发展。提升社会工作专业能力与素质进而提升专业服务成效一直是我国社

[①]　学界有许多研究对以上问题进行了探讨与回应,如朱健刚和陈安娜(2013)在对广州市家庭综合服务中心的个案分析后认为,以政府购买服务的方式嵌入街区的专业社工服务呈现出服务行政化等特点;石亚和史天琪(2013)的研究揭示了社会工作者有较高的职业倦怠和离职意愿;赵玉峰(2017)的研究指出,虽然专业毕业生数量增多,但存在教育质量不高、人才流失、就业意愿低等问题。一些主流媒体也对此进行过报道,如《羊城晚报》曾报道"政府投入了资金却看不到太大成效、市民缴交税款却享受不到太多服务"的困境,指出"让内地社会工作者感到压力大的原因主要在于能力方面的欠缺"(参见:《社工送服务,各有各不满》,《羊城晚报》,http://society.people.com.cn/n/2013/0823/c136657-22676373.html);《广州日报》甚至断言:"当下的社工数量和素质并不能提供足够专业的服务。"(参见:《政府掏钱买买买,社工仍喊穷穷穷》,《广州日报》,http://society.people.com.cn/n/2015/0119/c136657-26406115.html)

会工作发展绕不开的议题,甚至会影响专业社会工作能否在我国被承认和接受(雷杰、黄婉怡,2017)。

在当前政府大力推动专业社会工作发展的背景下,越来越多的高校开始开设社会工作专业,但社会工作专业人才的需求与高校人才培养之间却存在断裂和错位现象(侯利文,2013;栗志强,2015)。这种断裂和错位现象的表现之一是人才数量方面的供需不平衡——社会需求和高校培养数量呈递增趋势,但社会工作专业毕业生的对口就业率却较低。相关研究表明,在择业意向的选择上,过半的社会工作专业毕业生明确表示不打算在社会工作领域内就业(张会平,2018;潘桂芳,2017),实际对口就业率低于40%(曾守锤等,2014)。除去职业兴趣、发展志向、家庭因素等个人因素外,较低的薪资和不完善的职业环境,都成了该专业学生进入对口职业场域的障碍。更重要的是,从专业学习进入实际职业场域的社会工作者面临着从理想到现实的落差——学校学到的与实际要用的,完全是两回事。这一方面促进了专业教育界的反思,当前对社会工作本土化实践路径探讨的热度不断攀升,提倡社会工作实践经验的总结和开创等都是对这一问题的回应;另一方面,在社会工作职业环境中,专业督导①成为在工作场域进行专业继续教育、提升专业能力的桥梁。

为什么专业教育无法满足专业实践者的实际应用?不少学者尝试给出答案。若按 Glazer(1974)对专业的分类,社会工作充其量算是一种"次要专业",它与"主要专业"有明显的不同。主要专业是由科技理性主导的、有"一种以科学为基础的严谨科技知识"这样的重要成分,而次要专业囿于实践体制脉络的不稳定性和目标的模糊性、变动性,因而未能发展出一种系统化、科学化和标准化的专业知识的基础,这是维持、影响专业知识基础与其实践

---

　　①　由于社会工作领域中的"督导"一词译自英文(supervision),在英文中,作为名词的"督导"和动词的"督导"单词不同,而在中文里,"督导"同时具有名词词性和动词词性,并且在实际工作中,也经常会将"督导者(supervisor)"简称为"督导"。因此,在本书中,为避免重复和歧义,当谈及"督导"作为一种工作状态时,会以"督导过程""督导会议"等词阐述;谈及参与督导的人员时,会以"督导者""督导对象"指代。

之间的范式关系的重要成分(Schön，1984)。尽管有明确的专业知识和实践指南，社会工作专业的实践者还是经常会陷入道德、价值、目标和利益的冲突中。教育哲学家 Schön(1984)曾形象地把这类专业的实践情境比喻为"低洼湿地"。处在低洼湿地中的专业实践者们的工作对象是生活环境中的"人"，他们所处的专业实践情境的不确定性较高，受委托人(服务对象)处境的影响较大。在这种实践情境中，专业知识不得不对委托人的现实需求作出让步(阿伯特，2016)。这导致社会工作实践者经常面临"严谨还是适切"的两难，他们经常处于判断和决策之中。这与学习一种新的技术是不同的，实践者们无法明确技术应用的对或错，更多追求的是"在当时那种状况下，这一做法是对当下、未来，以及服务对象伤害最小的最佳选择"(Payne，1994)。这不是关于技术好坏的判断，是对不确定情境中如何做出选择策略的判断。

纵观社会工作发展脉络，我们会发现社会工作督导是专业发展和职业实践中不可或缺的环节①。一般来说，社会工作督导是由一位有经验的专业实践者(督导者)为社会工作者(督导对象)提供支持和指导的过程。在这个过程中督导者帮助和支持社会工作者建立有效的职业关系、发展良好的专业实践，促进决策中专业判断力和辨别力的发挥(BASW，2012)。虽然督导在社会工作领域占据独特的地位，被认为是保证社会工作专业服务质量的重要一环(Bogo & Dill，2008；Harkness，1997；Kadushin & Harkness，2002；Tsui，1998，2001)，但督导并不是社会工作专业所特有的，在心理治疗、护理、教育、管理等各行各业中都不乏督导者的身影，他们或者以"有经验的工作者"的形象出现，或者以"师父""前辈""培训专家"等角色来完成"传递经验技能"的任务，甚至在许多情况下是以上级的身份来监管下属的工作状态。不过，师徒式、培训式或者工作审查式的督导不太能够捕捉到社会工作、心理咨询这类助人职业中的督导历程，因为在这些领域中，他们的首要目标是保障服务品质，只有当一项服务的需求凸显时，运用知识时所需

---

① 有关社会工作督导的发展脉络，将在第二节进行介绍，故在此不做赘述。

要的一些要素才会浮现(Holloway,1995)。也就是说,专业助人领域中的督导需要了解督导对象与其服务对象互动过程的情境,了解其选择介入策略的心路历程,才能协助督导对象在服务过程中随时为服务对象提供最恰当的策略(Holloway,1995)。有学者形象地将督导比喻为"二级助人"——对助人者的帮助(张威,2015)。当代社会工作领域的专业督导提倡以平等和互助为前提,督导者和督导对象通过"互动的对话"对实务进行"学习和反思"(Beddoe,2010;Davys,2001;AASW,2014)。

在社会工作行业发展较成熟的国家,社会工作督导是开展社会工作实践的必备条件之一。如在美国、加拿大和澳大利亚,法律规定从事社会工作服务的机构有责任为一线社会工作者提供定期的督导服务,社会工作者也必须按照行业标准接受定期督导(童敏,2006;张威,2015)。督导对于培养社会工作者的实务技能、决定专业服务品质的重要性在我国社会工作发展之初已经达成了共识。深圳、广州等社会工作机构起步较早的地区,在行业发展之初凭借地缘优势大力聘请境外督导者培养专业社会工作者、推动机构服务的专业化和提升社会工作专业实务技能;北京、上海、福州、厦门等地则多聘用高校教师为督导者。已有研究和实践经验表明,外聘督导虽然可以在一定程度上满足一线社会工作者实务技能提升和促进机构发展的需求,但境外实务场域与我国内地实务场域的差异(齐华栋、沈文伟,2012)、高校教师实务经验和投入时间问题(吴金凤,2014;谢敏,2015)都会成为有效督导的阻碍因素。因此,培育社会工作督导者成为推动社会工作专业发展的重要议题。随着专业督导需求的攀升,越来越多的针对督导者的培训项目适时而生,既包括在地方政府支持下以统筹培训的方式来推动督导资格的合法性认证(如深圳、广州等地民政局联合当地社会工作者协会承办的社会工作督导培育与资格认证体系建设),也包括少数走市场化路线的督导能力培训项目。

随着社会工作实践的不断深入,社会工作学者和实务工作者们都意识到"现代社会工作的知识体系主要是外来的,但我们的服务对象和处境却永远是本土的"(文军,2009)。因此,在督导人才培养中,各地也力图将当地社会工作的发展情况、督导需求与地方优势相结合,开拓具有地方特色的社会工作督导培育项目。例如,在培养方式方面,深圳市首批督导培育采取的是"徒弟跟班式"(张莉萍、韦晓冬,2011),充分发挥深圳和香港的地缘优势,建立合作渠道,由香港社会工作督导者传授督导技能,之后逐渐过渡到考核选拔式,通过机构推荐、协会考核、政府监管,形成了督导助理、初级督导、中级督导的督导层级制度;而福建省初级社会工作督导培育是将"课程培训和实务陪伴"相结合(童敏、史天琪,2019)。课程培训即通过集中授课的方式讲解督导的相关知识。实务陪伴则注重对督导学员项目管理能力的培养,主要依托省内社会工作领域的高校教师与督导学员"结对子",协助学员掌握从项目设计至项目评估总结的督导过程及技巧。顺利结业的学员会获得督导培训结业证书。

在课程内容设置方面,深圳、广州的督导培训课程内容以督导知识为主,涵盖督导者的基本素质、督导技巧;而福建省的督导培训内容则多是社会工作实务技巧的加强训练。课程设计方面的差异也体现出社会工作发展的地区差异性。虽然现有的社会工作督导培育形式和内容各有千秋,但缺乏对培训后实际督导实践的跟进研究,导致我国社会工作学界和实务界鲜有人去探寻社会工作督导人才培养的最实际问题——这些培育模式是否贴合我国社会工作服务的实践处境及需求? 换句话说,在社会工作服务场域中,社会工作督导者需要具备什么样的知识和能力以胜任其工作? 督导者胜任力呈现什么样的特征? 为什么是这些特征?

由于我国社会工作的舶来属性,多年来学界和实务界都致力于对西方社会工作专业知识进行本土化建构。西方教育和实践体系的社会工作知识的本土适用性问题一直是我国社会工作学界与实务界十分关心的议题。尽管我国内地社会工作督导研究已经起步[①],但多数研究关注的是西方社会

[①] 国内有关社会工作机构中专业督导的研究十分稀少,虽然 1999 年相关研究开始出现,直到 2012 年,CNKI 检索到的社会工作督导研究每年平均不超过 8 篇。2012 年之后,有关社会工作督导研究的数量呈上升趋势。参见张洪英:《中国社会工作督导研究的回顾与展望——以 1998—2015 年 CNKI 期刊论文为样本》,《社会工作与管理》,2017 年第 4 期,第 5-11 页。

工作督导知识现状的论述及本土适用性的探讨,其中,督导功能和督导关系议题是对社会工作督导者的工作进行考察的常见逻辑。关于这一点,本书将会在文献综述部分详加论述,在此不再赘述。

从我国社会工作督导的发展脉络出发,已有研究对社会工作督导者的培养途径进行了探索。有学者注意到当前督导发展的现状与困境体现出地区差异的特质,政府主导下的督导制度建设与政府重视程度紧密相关(周京,2018)。例如,深圳、广州两个社会工作发展较快的地区在当地政府的支持下,率先建立了社会工作督导人才的培养、选拔和考核标准。深圳市从2009年就开始出台督导的相关职责规范,至2016年已经先后出台(包括修订)七份社会工作督导相关管理办法,而西部省份政府对社会工作以及社会工作督导尚缺乏完整、科学的理解,直接影响到督导的队伍建设和制度设计(周京,2018)。由于项目化的推进方式和服务的场景化特点(童敏、史天琪,2018),我国社会工作督导实践形成了比西方督导实践处境更为复杂的局面。此外,在社会工作实务领域也不乏对督导者准入规定设置不合理、督导培训体系碎片化、凭借地位和关系优势获得"督导"身份等乱象的批判。①遗憾的是,对于"社会工作督导者的工作场域有什么特点? 实践情境与社会工作职业场域的互动是否对督导者的工作形态产生影响?"等问题的深入讨论依旧不足。

上述情况表明,越来越多的社会工作督导者开展督导工作会面临各种模糊、不确定,甚至矛盾和冲突的工作情境。然而,在专业督导知识和实践规范建构滞后的情况下,这些专业督导者作为行业的中坚力量,面临的挑战是如何处理专业知识、实践规范和情境之间的关系,因此,探究专业督导者如何有效地整合这些要素是十分重要的。前期相关研究的经验使笔者意识到,仅仅考察督导职责和功能、督导者与一线社会工作者(督导对象)之间的

---

　　① 我国社会工作督导发展中存在的一些"乱象",引起部分一线社会工作者的共鸣。笔者自2015年开始围绕督导议题进行的访谈及与一些社会工作者的日常闲聊中,也听闻不少社会工作者对此乱象的"吐槽",此部分内容会在接下来的篇章中陆续呈现出来。

专业关系,抑或是督导实践的具体展示过程等议题是远远不够的,这很大程度上简单化了督导工作的复杂性,且未充分考虑到督导关系实际上是嵌入社会工作实践情境之中和整个社会经济文化环境之中运作的。鉴于我国社会工作督导发展总体滞后的客观现状(张洪英,2017;张洪英、赵万林,2019),需充分考虑所嵌入的社会情境因素与专业督导实践的互动及其对督导实践的影响机理,这涵盖从宏观制度层面到中观组织层面,再到微观个体层面的复杂性、多元性情境因素对专业督导何以存在、社会工作专业化和职业化发展何以可能具有不同程度的形塑性作用。而社会工作督导者作为我国社会工作专业化和职业化进程中的直接参与者,他们在现实情境中的工作经验和经历,在实践中积累的知识对于探索督导实践样态具有重要价值。因此,笔者将"专业胜任力"——涉及知识、价值、行为和情境等要素——作为本书的核心主题,探究专业胜任力研究中情境要素的作用,即在督导知识发展相对滞后于专业教育和实践的发展特征下,督导者的胜任力是如何逐步生成和演变的? 督导者是如何建构自己的行动策略的?

第二节 相关研究梳理与评述

一、社会工作专业胜任力与督导胜任力

(一)专业胜任力、专业实践者与实践情境

相较于普通实践,专业实践更倾向于运用专业人员共同建构的实践规范、规则和程序来解决问题。专业实践者是"拥有特殊知识并且与社会发展具有密切联系的专业人士"(Hughes,1959)。专业人士拥有的特殊知识将他们与其他个体分开,形成实践者共同体。实践者共同体往往拥有共同的"评鉴系统",如价值观、行业规范和实践范式,通过这套评鉴系统来理解实践情境,形成行动的目标和方向,决定可接受的专业行为的内容。专业实践就是专业人员共同构建出的实践共同体的领域。

Schön(1987)对专业实践者在实践过程中的思维方式进行探析时指出专业实践者存在两种专业能力——技术理性视角下的专业能力与行动中反映的专业能力。技术理性视角下的专业能力在于"把衍生于系统的且更倾向于科学研究的理论和技术应用到实践中工具性问题的解决中去"(Schön,1987)。从技术理性视角来看,有能力的实践者倾向于关注工具性的问题,对行动有效性的衡量在于是否能够成功发现什么行动能产生与其目标一致的预期效果(Schön,1987)。专业是人造的产物,情境是为技术服务的,专业具有两种技术——第一种是构成专业实践的技能技巧;第二种是创设一套环境所需的技术以便为第一种技术发挥功能,即创设出制度化的环境。这两种技术分别用来研判预测性行为,从而控制其他人的行为,以便专业人员可以通过理性实践、纯粹的设计和控制环境来完成他的任务(Agiris & Schön,1974)。

建构主义者则给出实践者对待现实的建构主义观点,认为实践者是他自己实践情境的建构者,不仅在专业技艺的运用中,而且在其他各种形式的专业能力中,实践者共同体不断地进行着"社会建构"(Goodman,1978;Schön,1987)。在面对不确定实践情境和模糊不清的需求问题时,实践者更多的是依据默会知识或行动理论来解决问题,用信奉的专业技术话语(信奉理论)来解释其思考过程(Schön称这一过程为"行动中反映"),这就导致理论与实践无法和谐统一,因为信奉理论未必能解释清楚实践过程中的默会知识。因此,建构主义观点的倡导者们认为专业实践者和专业教育者应该关注实践中的模糊地带,专业能力的构成不仅包括专业共同体已经建构的理论或实践规范,实践者的技术实践过程本身也是专业能力的一部分。

专业胜任力同样具有动态性特征。一方面它是对实践情境动态性的反映;另一方面因专业知识的发展是无止境的,专业胜任力是向专业知识不断靠近的过程(Dreyfus & Dreyfus,1986)。Bogo(2010)提出两层次专业胜任能力体系,即第一层"后设能力"(包括认知的/关系的、个人的/专业特质、价值与伦理)和第二层"程序性能力"(包括预估、介入、沟通),并且第一层能力决定着第二层能力能否顺利地实现。另有学者将专业胜任力的发展划分为专业基础的前提、专业基础能力建立与发展特殊领域的专业能力三个阶段（Zhdanova,2013）：第一阶段是对专业基础知识的学习,运用与理解一般性学科知识；第二阶段着手建立基础知识、价值与信念、技巧等内涵；第三阶段是发展特殊领域的专业能力,这一阶段是连续性地将知识与技巧运用于实务并分析自我行为的历程。

虽然有些学者认为专业胜任力是不断向专业知识趋近的过程,但对于专业知识和专业实践如何整合一直是待解议题。20世纪60年代末至70年代初,西方社会广泛存在对专业教育和实践的不满,指责专业学校没有帮助学生获得应对真实世界问题的实践能力,专业教育所传授的"过去的"知识技能无法满足未来甚至当下社会的需要,而沦为技术实践者的专业人士丧失了原本的专业信念和社会关怀（Argyris & Schön,1974）。专业实践者必须使用的知识与社会期待服务之间的差距（Brooks,1967）。社会工作领域在这一时期开始逐渐对专业实践者的胜任状态予以关注,以回应社会关切。早期社会工作的功能分析倡导者Smalley（1967）写道："机构功能和专业角色功能的使用为社会工作服务过程提供了焦点、内容和方向……确保向社会和机构负责。"医学领域的第二次教育改革浪潮也在此阶段结束,此次改革浪潮发展出了"以问题为中心"的医学教学法,尤其关注如何使构建的知识结构更易于转化为能力结构（于双成等,2011）。有效执行某个任务的能力看似比已经形成的相关知识更加重要。不过,Argyris指出,这是由于在不稳定的行动情境中,人们面对的理论过多,无法为正在发生的事情总结出基本的理论,这就使得表面上的矛盾更为明显——行为的形式代替了知识（Argyris & Schön,1974）。

根据Schön（1987）的分析,专业实践者面临的情境可以区分为"常见的实践情境"和"不常见的实践情境"。在常见的实践情境中,衍生于专业知识主体的技能、规则、实践规范和程序等专业实践要素往往可以正常运作,即实践者能够将专业知识与实践情境顺利匹配,以达到胜任状态。不过,在不常见的实践情境中,情境的特点与现有的专业知识和技术主体之间缺乏明显的一致性。实践者需要以"专业人士的思考过程"（一般指遵循资料收集、推理和假设验证的规则)将现有知识充分应用到实践情境中,并且符合专业共同体所建构的实践规范(Schön,1987)。不过,舍恩同时指出,这种划分背后的假设即事实就是其本来的样子,人们可以参照事实对信念的正确性进行严格验证。由于专业理论和实践之间隔着所谓的"鸿沟",真正能达成价值、理论与实践整合的完美胜任情况非常少见。专业实践者在实践过程中所使用的理论与其信奉的理论之间经常存在差异,这种差异会使实践者面临两难境地:"现有使用理论的某些因素与适用于这些理论的标准之间存在冲突,这种冲突是行为主体经历的主要冲突,在使用理论与行为世界的互动循环中,冲突会愈演愈烈。"(阿吉利斯、舍恩,2008)

(二)社会工作督导胜任力

1. 社会工作专业胜任力的内涵与发展

20世纪70年代末,西方国家积极推行市场化和管理主义改革,市场机制被引入社会服务领域,政府的工作重点在监督和评估资助服务所带来的产出和成效上(Blyth,2009)。由此,"任务—成效"导向成为社会服务机构追求的目标,以应对服务成效和工作效率问题(O'Hagan,1996)。制度层面的变迁对社会工作者的队伍建设产生了影响。社会工作专业内部提出社会工作胜任力标准,以解决当时社会工作行业缺乏资格认证标准和实践规范准则的状况,并且尝试以专业胜任力作为教育参考,培养符合专业要求又具备实务工作能力的社会工作者队伍(雷杰、黄婉仪,2017)。专业胜任力的概念对英国社会工作专业教育和训练产生了尤为重要的影响,我们甚至可以将社会工作的专业训练概括为由"专业胜任力引导、由专业胜任力支配,并不断地追寻专业胜任力的过程"(O'Hagan,1996)。

学界较一致的看法是,社会工作专业胜任力由知识、技巧和价值三大支柱构成(O'Hagan,1996;Zastrw,1996)。知识指社会工作者投入该实务场域所涉及的相关知识,包括但不限于社会工作专业体系内知识;技术则是特定实务方法的专门技巧;价值指社会工作者基于专业知识与技术的核心判断原则(O'Hagan,2007)。许多学者致力于寻找社会工作专业胜任能力的操作性指标。例如,O'Hagan 和 Vass(1996)提出社会工作的六种通用核心胜任能力,包括沟通和接触、促进和使能、评估和机会、介入和提供服务、团队协作和发展专业技能;还有学者认为在社会工作领域中胜任力不是单靠工作者自身利用知识、技能和价值等属性来实现的,而是通过协助服务使用者和照顾者利用相同的属性来实现的(Nevile,2004;Waterson & Morris,2005),即"社会工作者必须认识到个人、照顾者、团体和社区关于他们自己的情况……"(TOPSS,2004)。社会工作专业胜任力即社会工作者利用知识和技能来影响服务对象(Siporin,1975;Wiegnd,1979)。不过,Horwath 等人特别指出社会工作专业胜任力的概念不等同于实践指南,专业胜任力强调的是专业实务能力的表现或雇佣条件中被期待的标准(Horwath & Morrison,1999)。林秉贤(2016)也指出社会工作专业胜任力在于社会工作者能力或才干的表现,在于工作上可以看得到的成就,而不只是获得学术、专业上的认可。也就是说,社会工作者要有运用符合组织设置的规定、符合服务对象期望及具体干预计划的知识与技巧的能力,要具备将专业教育中所获得的价值、知识和技巧运用于实务工作上的能力(Zastrow,1996)。

早期行为主义与功能派观点认为社会工作胜任力是一种具体的行为结果,或者一种适当发挥组织与个人功能的表现(Smalley,1967)。Bogo(2010)则认为不能仅从功能角度去理解社会工作专业胜任力,这样会曲解社会工作专业胜任力的意义,将其窄化为缺乏专业内在反思的纯粹任务达成的工具。Bogo(2010)进一步指出,社会工作专业胜任力由基础专业能力和实务程序能力构成。基础专业能力是能联结知识,依据专业伦理与价值原则形成社会工作专业实务实施的概念框架;实务程序能力是能够认知环境,不断进行反思从而运用专业自我的能力。

因此,社会工作专业胜任力不仅是对知识和技巧的熟练运用,也包括运用符合组织设置的规定、符合服务对象期望及具体干预计划的知识与技巧的能力。社会工作专业从业者(不论是一线社会工作者还是督导者)的胜任力不仅包含具备专业知识和技能,还需要顺利完成工作组织的要求,并且在组织权责范围内考虑到服务对象所处的情境,运用专业知识恰当地提供符合服务对象实际情境的改变计划。概括而言,社会工作专业胜任力是专业实践者在实际环境条件中的专业角色实践状态(林秉贤,2016)。

2. 社会工作督导胜任力

作为社会工作专业实践的重要组成部分,社会工作督导胜任力与社会工作专业胜任力是密不可分的。虽然学界对社会工作督导的概念解释各有侧重,但社会工作督导的实践通常与提升专业实践者胜任力相关,如协助社会工作者提升专业知识和技能(Feldman,1977;Kadushin,1985),鼓励社会工作者最大程度地利用自己的能力(Vargus,1977),教育社会工作者尝试努力利用环境来帮助服务对象(Germain & Gitterman,1980)。概而言之,专业督导的实践目标大多数与胜任力的三个组成部分(知识、技能、价值)之一具有相似性。

社会工作督导者专业胜任力在于有效地促进社会工作者专业胜任力的获得与展现,同时又需要符合社会工作督导专业实践规范,即专业胜任力在社会工作督导领域具有独特的实践内涵:其一,作为实践规范的胜任力;其二,以胜任力为取向的督导实践模式。作为实践规范的督导胜任力往往以具体能力特征或行为规范进行表述,相关行业协会出台了许多有效且可令人接受的督导标准。有关专业督导胜任实践(competent practice)特征的描述通常根据不同执业环境要求,涉及督导者资格(资质、知识与技能)、督导目标、伦理要求、工作职责、工作内容等方面。例如,美国临床社会工作考试委员会提出的督导者专业胜任能力详细指标包括:督导合同的创建,对干预过程、评估和诊断进行督导,对治疗计划的督导,督导计划的创建,督导过程的把控,适当的专业影响,实践成效的评估,督导成效的评估,咨询、教学和写作(ABECSW,2004)。

不过,社会工作者与社会工作督导者的胜任力差异鲜少有人提及(Cousins,2004)。一般而言,督导者是由有经验的社会工作者转型而来的。具有相关工作经验加之经过一些额外的培训,可能就是新晋督导者的全部"岗前准备"(Cousins,2004)。一线工作者角色中使用的一些技能非常类似于督导角色所需的技能,例如,要成为一名合格的一线社会工作者,必须具备良好的沟通能力和人际交往能力,这两种能力在督导工作中同样是必不可少的(Shulman,1982)。Durrant(2001)在调查一线工作者对督导者的期待时,还确定了倾听、应变和同理心等技能的重要性,而这些同样是社会工作临床实践中的重要技巧(Cousins,2004)。此外,Davys(2002)在新西兰进行的一项定性研究中发现,一名优秀的督导者首先应该是一个合格的、具备渊博知识的实务工作者,并且作为督导者要具备以下能力:支持挑战;监督自我并愿意接受反馈;在各种情况和情绪中向督导对象提供支持;管理权力和权威,同时,参与并重视自己的督导经历。Kadushin(1992)在美国进行的大规模调查研究中发现,督导者的关键优势是具备督导工作的知识、技能和经验,以及他们与督导对象建立积极和支持关系的能力。

一些学者运用文献法对督导者胜任力进行了系统梳理,并将其概括为三个方面(Tebes et al.,2011):其一,管理督导关系,涉及督导合同和督导议程的创建;其二,管理工作绩效,包括向督导对象传递清晰的期望、对督导对象的表现进行有效评估、确保督导对象的工作符合机构标准以及协助督导对象完成机构要求;其三,促进职业发展,这一能力强调与督导对象一起制定员工发展计划。

尽管督导实践和专业实践者胜任力之间存在着基本关系,但督导胜任力的问题通常只是在社会工作督导模式中以稍加暗示(Guttman et al.,1988)的方式呈现。在有关胜任力为本的(competence-based)社会工作模式的文献中,Guttman 等人概括了不同的督导模式——结构功能模式、发展模式和成长取向模式对胜任力的理解差异(Guttman et al.,1988)。督导的结构功能模式(structural-functional models)的目标是通过督导者发挥行政、教育和支持功能来推动专业服务的顺利进行并确保服务质量(Kadushin,1985;Munson,1983)。相应地,胜任力就是专业实践者学习有效地实现专业角色和功能的过程,而牢固的督导关系可以提升工作者的胜任力(Guttman et al.,1988)。发展模式(development models)的工作焦点在督导关系的不同阶段,督导者向督导对象传递工作所需的技能

(Stoltenberg,1981;Worthington,1984)。在发展模式中,胜任力既表现为对技能的掌握,也表现为对自我和服务对象的理解,胜任力的获得是通过督导者和督导对象的实践环境、关系和行为以适当的方式发生变化而实现的(Guttman et al.,1988)。成长取向督导模式(growth-oriented models)强调以督导对象为中心的督导实践,关注增进督导对象对其个人和专业自我的理解(Giterman,1972;Gitterman & Miller,1977),胜任力则是获得更多技能、知识、自我理解和成熟的持续过程(Guttman et al.,1988)。

　　相关文献中对督导实践有效性观点存在的些许不同在于不同督导模式采用的主要督导方法、督导目的和督导评估手段不同(Middlman & Rhodes,1985)。这就导致在促进有效实践和提高工作者胜任力方面存在许多实践准则,基于不同模式发展出的实践准则可以作为提升胜任力取向督导(competence-oriented supervision)的基础。进而,整合已有研究中督导模式所暗含的胜任力观点与胜任力为本的实践观点(Maluccio,1981;Middleman & Rhodes,1985),可提出胜任力取向的督导原则与胜任力内容构成。胜任力取向的督导具有三条准则(Guttman et al.,1988):第一条是坚持特定的、有针对性的督导方法,这有助于清晰地陈述督导目标、界定督导元素和实施督导过程;第二条是优先了解绩效标准、评估绩效的程序和发展条件的详细说明,将重点放在绩效与其结果之间的关系上,以衡量督导结果和有效程度(Clark,1976);第三条是问责,即督导者具有阐述所达成目标的能力,以此证明督导的有效性(Bloom,1979)。

　　在问责制背景下,Guttman等人提出的胜任取向督导是一种目标导向方法,这种方法关注知识和绩效、个人胜任力和结果胜任力,以及评估标准和可测量的成效。同时,督导关注知识、实践与情境的互动关系,胜任力在督导实践中的展现是督导者具有从一个情境迁移到另一个情境的知识转换技能,可以改变技能以回应环境需求,并且可以为新的情境开发新的技能。概而言之,知识可以提升胜任力,在转换或改变技能方面,知识是胜任力观点的核心(Gutmann et al.,1988)。

二、社会工作督导相关研究

鉴于专业知识在专业胜任力文献中的重要地位,对社会工作督导胜任力进行探索不能忽略其相关知识的发展脉络,特别是作为专业共同体所建构的实践理论范式。由于西方引进的社会工作督导知识先于我国社会工作督导实践和督导知识而产生,在这一部分笔者先从西方社会工作专业督导的历史发展和研究现状入手,厘清现代社会工作督导呈现的专业样态;之后概述社会工作督导实践模式和相关经验研究;最后,对实践情境与督导实践的相关理论和研究成果进行回顾。

(一)西方社会工作督导的历史发展

已有文献中不乏对社会工作督导历史发展的梳理。例如,Tsui(1997)从社会工作督导功能的演变描述西方社会工作督导的发展过程,认为社会工作督导功能在不同发展阶段呈现出行政功能和教育功能错位优先的情况。督导者在组织中的主要角色也随不同阶段督导发挥的主要功能的不断演变,经历了"行政角色为主(慈善组织会社时期)—专业角色(教育者)为主(精神分析主导时期到问责制)—行政角色恢复主导(问责制之后)—行政角色与专业角色共存、内部督导与外聘督导的混合供给(20世纪末期至今)"的过程。White和Winstanley(2014)运用文献研究法详细梳理了助人职业中临床督导发展的重要历史事件,发现这些文献大致指向社会工作督导历史发展中的五个主题:行政监督、培训和教育、治疗支持、职业独立以及对有限资源的责任。虽然不同的学者有不同的阐释角度,希望达到的目标也不尽相同,但归纳而言,西方社会工作督导的发展是对专业实践场域与宏观社会因素互动的回应,具体是:一方面,督导研究范式是占主流地位的社会工作模式在学界的体现;另一方面,随着社会的发展,在政策、组织和社会环境等多重因素的影响下,督导工作的重点也随之转移。因此,有学者指出可以将社会工作督导的发展看作历史文化的变迁过程,这一过程是社会工作专业文化与宏观社会文化交织的映射(Tsui,1997)。考虑到专业脉络和社会因素的交织,可以将社会工作督导的发展划分为五个阶段。

1. 源起:慈善组织会社时期的督导实践(19世纪中叶至20世纪初)

一般认为,社会工作督导的发展起源于19世纪后半叶的慈善组织运动(charity organization society,COS)时期。当时,西方社会工业化和城市化迅猛发展,失业、贫困等社会问题突出,慈善机构应运而生。起初,不同慈善机构之间缺乏有效的协调,资源重叠和浪费问题凸显。1869年,在英国伦敦成立的慈善组织会社采用了"科学慈善"的原则开展服务,建立了"友善访问员(friendly visitors)"制度,通过"友善访问员"的社区探访对贫困救助对象进行筛查,给处于贫困中的个人和家庭提供更为科学、有效的服务。到了19世纪末期,慈善组织会社的助人方法得到了广泛认可,迅速扩展到英美国家的其他主要城市,提供服务的范围从贫困社区扩展到医院的社会服务部门、儿童安置机构、学校、法院、诊所以及州立精神病院……之后,为满足服务稳定性和专业性的要求,薪酬制的专门人员(paid worker)逐渐取代了"友善访问员"来开展工作。这些拿薪水的工作者一般需要接受"学徒计划"(apprenticeship program)项目的培训,其中一项重要内容是学员需要在机构内接受督导(Tsui & Ho,1997)。慈善组织会社在发展初期主要专注将物资救济与道德提升相结合。这一萌芽期的社会工作的焦点是对问题的识别和评估,以及在评估基础上开展救济服务(Richmond,1917)。相应地,督导的焦点是如何做好评估工作,采取的形式主要包括培训和个别督导,通过问题识别、个人问题和需求分类的技巧培训,以提升救济工作的效率和效益。

2. 治疗取向:精神分析思潮与督导发展(20世纪20—40年代)

第一次世界大战使社会工作的范围由倡导科学慈善拓展到消除心理困扰。战争期间,美国红十字会在各主要城市建立服务中心,推行精神健康社会工作,为饱受战争创伤困扰的士兵及其家属提供个案服务(Abramovitz,1998)。慈善组织会社也由先前为个人提供贫困救济和个案服务的社会组织逐渐转变为家庭服务机构。这一时期的变化让社会工作者意识到,个案工作的服务内容不仅仅局限于对社区贫困人群的社会调查和入户服务,同时它还可以拓展到个人情绪的疏导和精神困扰的消除。此外,美国国会在1935年通过的社会保障法案(Social Security Act)为美国经济大萧条期间的贫困和失业人群提供救助,使得贫困救助工作转为直接由政府负责的公共福利服务,而私人社会服务机构则主要承担个别化服务,专注于个体心理问题(童敏,2018)。社会工作的服务对象从最初的社区贫困人群转向一般人群,包括普通中产阶层、底层人群、一般工薪阶层等,服务内容拓展到心理辅导,相应地,服务方式从社会工作者走进社区入户服务转变成服务对象走进服务机构来寻求帮助(Kemp,Whittaker & Tracy,1997)。这些客观变化要求私人性社会服务机构开展心理治疗取向的社会工作,社会工作者开始广泛借助精神病学以及心理治疗的知识和技术从事具体服务,来弥补实际需求与专业知识之间的差距。

受这一发展趋势的影响,这个时期的社会工作督导焦点也从最初的评估、诊断和问题识别转向心理治疗的实践,督导者的角色更像是治疗师,他们的作用是帮助社会工作者关注和解决服务对象内心的冲突。在督导方法上,该时期的社会工作督导也开始借鉴心理治疗的团体辅导方法,并在日后发展过程中逐渐转变成社会工作督导中常用的团体督导(group supervision)。此外,员工会议在当时也作为一种督导方法。在员工会议上,首先由个案工作者呈现一个问题个案,然后邀请督导者和来自其他专业的同事一起对个案时长和治疗建议等议题展开讨论(Munson,2002)。

3. 专业理论扩张阶段与督导模式的拓展(20世纪50—70年代初)

20世纪50—70年代社会科学研究范式的转型、社会运动的兴起以及生活方式的变化给社会工作专业的发展带来了新的机遇与挑战。在精神分析思潮退去后,对个人问题形成的根源的探究不再被视为解决问题的必然途径和方法,被忽视已久的环境因素逐渐回归到社会工作的主流视野中。20世纪50年代之初,汉密尔顿正式提出"人在情境中(the person-in-his situation)"的概念,将社会工作中的人与环境关系概括为个人、环境以及二者之间的相互影响(童敏、张剑,2015)。同时期公布的郝利斯-泰勒报告(Hollis-Taylor report)指出,社会工作既是一种助人活动,也是一种社会性质的资源链接活动(童敏、张剑,2015)。到20世纪60年代,系统理论的兴起将社会工作的服务思维从关注个人问题的修补与治疗的线性思维转变为关注个人与环境相互影响的系统思维。社会工作专业实践领域变化带来的督导的挑战主要有两个:一是如何融合大量的新知识并使其为实践所运用;二是技术和专业化的发展引发了"实践者是否需要同时掌握专门化知识和一般化知识"的疑惑(Munson,2002)。应对挑战的过程推动了督导领域的改革,超越治疗取向的新的督导实践模式不断兴起。例如,在督导形式方面,许多服务机构采取了督导和咨询的双重模式,以及个别督导和团体督导的混合模式。

4. 新管理主义与专业实践的平衡(20世纪70年代后期至90年代)

尽管社会工作在20世纪50—60年代得到蓬勃发展,但在20世纪70年代中后期遭遇到了经济危机以及由此引发的福利国家危机的巨大冲击。经济下滑导致政府预算紧缩和公立部门社会工作岗位削减,与此同时,强调效率、市场和服务使用者导向的新管理主义对公共服务的影响开始显现,机构中督导的工作焦点逐渐变成如何防止服务欺骗和服务职权滥用(Tsui,1997)。到20世纪80—90年代,社会工作者资格认证体系已经广泛铺开,直接促发了服务机构对督导需求方式的变化,出现了一些机构用精确、清晰的资格认证体系取代无法直接测量成效的督导工作的现象。但是,从一线社会工作者的视角来看,有效的服务传输是一个复杂而细致的工作,不能简单处理,需要比较多的精力和时间的投入。实践视角与管理视角的张力迫使督导的焦点不得不从关系取向转向"任务—成效"取向,以此平衡实践者和管理者的不同要求。批评者认为以"任务—成效"为焦点的督导没有以促进服务对象的改变成效为出发点,沦为了只按照预定的程序和财务要求来监管工作者服务的管理环节,缺少对实践的积极探索和对公认惯例的反思与挑战(NISW,1995)。对"任务—成效"转向的争论促进了有关督导理论与实践的对话,在这一时期反思性实践(Schön,1983)、经验学习圈理论(Kolb,1984),以及咨询心理学领域的督导发展模式相继被提出,专业实践者意识到行政优先督导对专业功能的发展产生了消极影响,持续学习和批判反思等议题逐渐进入社会工作督导领域,成为社会工作督导探寻的重要内容。

5. 多元化发展阶段(20 世纪末至今)

虽然 20 世纪末期开始,反思性实践受到越来越多的社会工作者的关注,但问责制的余温仍影响着西方社会服务组织中对专业督导职能的设定。其中,最为直接的是来自担任一线管理者和督导者的双重角色问题(Tsui,2001;Beddoe,2012、2016;Westergaard,2013;Howe,2012)。当组织目标与一线工作者个人督导需求无法平衡时,具有双重角色的督导者在建立督导关系时往往面临着很大的角色冲突问题,这对许多督导者来说都是较为严峻的挑战(Beddoe,2012)。为了同时满足社会工作者的行政、教育和支持等方面的需求,越来越多的服务机构和社会工作者倾向采用合作互补的督导方式,如外聘督导搭配内部督导,或者将正式督导和非正式督导结合起来相互支持,或者同时采用个别督导和团体督导等不同督导形式。通过"拼贴"策略提供多样的选择,包括外聘督导、内部督导、同僚督导、远程督导、跨专业督导、文化督导等(Davys & Beddoe, 2016)。

20 世纪 90 年代之后,全球化带来的直接结果之一是不同国籍、种族和文化间的交流越来越频繁,这促使西方社会工作专业实践和督导出现新的议题,来自不同文化的社会工作者、服务对象、督导者间的接触越来越密切。近十几年来,西方社会工作学界对专业实践中的多元文化议题的关注呈现持续增长趋势,作为对专业实践变迁的回应,多元文化议题也成为社会工作督导领域无法回避的内容。西方学者对社会工作督导中多元文化的探索涉及种族、性别、宗教、国际学习经验等多个不同方面(Hair & O'Donoghue,2009;Constantine & Sue,2007;Kissil,Davey & Davey,2013),主要讨论如何提升督导过程中的文化意识和文化敏感性等议题，这也提醒督导者在面对不同文化背景的督导对象时，需要关注文化的差异性以及不同文化的意义解释。

以上对西方社会工作督导历史发展的简短回顾，旨在呈现专业实践取向与社会环境层面交织的互动图景。在专业实践层面，社会工作督导是对专业内部需求的回应，在社会历史发展这一宏观大背景下，社会工作督导又是专业发展对社会要求的反馈。在这一幅发展图景中，专业督导的样态也处于动态的变化过程中。其一，从提供督导的人员方面来说，最初发端于慈善组织会社的督导是由会社内部工作者承担，并且一直持续到 20 世纪 80 年代；在 20 世纪 80 年代之后，主要由机构内部人员提供督导逐渐迈向机构内督导与机构外督导的混合供给。其二，督导者的职责在行政职责和专业职责之间游走，但这两个职责内部的关注焦点也是动态变化的。在慈善组织会社时期，督导的行政职责主要在于对服务物资分配的管理，而到新管理主义兴起后，督导的行政职责则更关注服务成效是否达成；在慈善组织会社时期，督导的专业职责是直接的工作技术指导，到精神分析时期，其专业职责转为对社会工作者内心冲突的解决，之后又转向对知识整合的处理和对反思实践的关注。其三，督导的形式从最初的个别督导拓展到团体督导、同僚督导、远程督导等。其中，个别督导是最传统的、贯穿始终的形式，跨文化督导、远程督导的发展则体现出全球化时代和科学技术的发展对社会工作专业领域活动产生的影响。

（二）社会工作督导实践理论回顾

许多学者指出社会工作专业督导还未成熟，因其缺乏自成一体的正式理论，督导过程中运用的实践理论多是借鉴社会工作实践理论或其他学科的相关理论。Bernard 等人指出，督导实践模式发展的两个趋势是 19 世纪末期至 20 世纪 50 年代对心理学理论的借鉴，以及 20 世纪 50 年代后期尝试像社会学家一样进行理想类型概念的建构（Bernard & Goodyear，2012）。Tsui（2005）则对社会工作文献中提及的督导模式进行了更为全面的整理,发现在社会工作领域具有五类督导模式。第一类是将督导视为社会工作临床实践的一种形式,并强调督导者在督导中使用社会工作的实务技能,即实务理论模式(practice theory as a model);第二类是关注督导的目标、结构和功能的结构功能模式(structural-functional model),进一步可以划分为督导的功能模式(supervisory function models)、整合模式(integrative model)和权威模式(model of authority);第三类是以服务机构中不同层次的专业自治程度及督导形式为基础的机构模式(agency models),个别督导、团体督导、同僚督导等被归为这一类;第四类是互动过程模式(interactional process models),这类模式着重于督导者和督导对象之间的互动,督导被视为一个由专业发展的不同阶段组成的过程,这类模式中对督导者和督导对象的进步指标有明确的指导,包括发展模式和成长导向模式(growth-oriented model)两类;第五类是在批判传统督导模式的基础上发展起来的、强调权力分享和督导实践中平等合作关系的女性主义伙伴模式(feminist partnership model)。

不过,学界和实务界最常见的讨论是围绕督导的临床取向和组织取向两方面展开的。前者关注的是督导的临床(技术)实践层面,即督导者在与督导对象的正式督导过程中,通过运用相关理论、技术、方法或策略等协助督导对象解决专业服务过程中的困惑或疑虑;后者关注的是督导在社会工作机构服务体系中的作用和功能,比较典型的是督导的功能模式。

临床督导实践模式,即 Bernard 和 Goodyear(2012)根据临床督导者借鉴的理论视角差异划分的三类模式:第一类是源于心理治疗理论的督导模式,发展出诸如心理动力取向、人本—关系取向、认知—行为取向及建构主义取向等督导模式,这些模式主要是围绕着"传递一种治疗方法"而展开的;第二类是源于发展心理学取向的督导模式,这类模式主张督导者要采用与督导对象职业生涯发展不同阶段的需求和能力相匹配的督导结构与风格;第三类是关注督导过程本身的模式,这类模式试图从不同角度对督导活动过程本身进行解释从而描述督导活动的阶段或督导过程的系统性。过程模式可以是简单的也可以是复杂的,取决于不同类型的过程模式试图描述的过程的多少,以及试图对多少系统级别进行解释。例如事件为本的督导模式(events-based supervision model,EBM)认为,大多数督导过程都是围绕着督导对象工作中遇到的"小事"("smaller"events)而展开的,一个事件具有可以识别的开始、中间和结束记号(the mark),事件为本督导根据事件发生的规律,分为"识别开始记号—评估任务环境(the task environment)—创建解决方案"三个阶段(Ladany et al.,2005)。

功能模式,即相对于临床督导模式对具体督导实践中技术取向的关心,关注组织维度的功能模式则更倾向于探讨专业督导在机构服务体系中的角色和职责。督导的"三大功能说"可谓是发展较早且影响较广泛的督导模式之一,对督导三大功能的讨论可以追溯至 1926 年。Dawson(1926)指出督导的功能包括行政(administration)、教学(teaching)和助人(helping)。之后,不断有学者对督导的这三项功能进行调查验证,提出与其类似的分类,并且进一步明确了各个功能的主要任务和内容。其中,最为人们所熟知的是 kadushin 在 1976 年前后通过大规模问卷调查得出的结论:督导的功能包括行政性的(adiministrative)、教育性的(educative)和支持性的(supportive)三个不同方面。督导的行政功能是指服务任务分配和工作安排方面的指导,督导的教育功能是指服务技巧和方法方面的指导,督导的支持功能则是指对督导对象的情感关怀和支持。Kadushin 和 Harkness(2002)认为督导的三大功能就像凳子的三条腿一样互相支撑、缺一不可,哪怕其中任意两个都发挥得很好,但缺少任何一个都会使督导计划走向失败。因此,督导者需要自我反思,以识别这三种功能哪个处于强势状态,哪些可能需要增加关注以确保三种功能都得以发挥。这三种功能在社会工作督导的发展过程中产生了重要影响,且得到了广泛认可,因此它们也被称为社会工作督导的三大传统功能。

也有学者认为三大传统功能的划分并不全面,如莫里森在其基础上增加了第四种功能——调节(mediation)功能,反映出督导具有促进多方沟通、协调与建立服务网络的责任,以协助督导对象为有需要的服务对象提供支持渠道(Howe,2013)。Payne(1994)和 Rich(1993)则认为社会工作督导其实只有两种功能——行政/管理及规范功能和专业/临床功能。行政/管理及规范功能是协助促进服务任务的组织，专业/临床功能是保障服务技能的提升。至于情感支持，它并不是一个独立的社会工作督导功能，而是督导行政功能和临床功能实现的协助手段，起着辅助的作用。督导功能的三角模式（Hughes & Pengelly，1997）同样质疑"支持功能"。该模式认为社会工作督导实际发挥着管理服务输送、关注实践者的工作和促进实践者的专业发展三项功能，而不论在哪种功能中，提供支持都是必要的。在这三项功能中，"管理服务输送"功能是协助服务机构落实相关政策、法律法规以及自身制定的规定和协议等，是对服务的质量和数量的把控；关注实践者的工作和促进实践者的专业发展的功能则是鼓励督导者与督导对象一起对帮助服务对象的实践工作进行反思和探讨，确保服务的品质以及专业的可持续性发展（Hughes & Pengelly，1997）。虽然有关督导功能的论述十分丰富，但只是这种功能视角的缺陷也较为明显，即只是对督导的静态理解和事务性的划分，未能考虑组织的复杂性、督导关系的差异以及督导中的权力议题（Howe & Gray，2012）。

　　督导实践模式纷繁复杂，每个督导者以及实践者的生活处境、专业教育经历与实践经验都会导致不同实践者认同的实践哲学存在差异，这种差异也会影响实践模式的选取。长期从事督导研究、实践与教学的澳大利亚学者 Davys 和 Beddoe（2016）认为，对于督导模式的选择需要基于具体的实务工作与教学工作发展而来的模式。她们指出，不论选择何种督导模式，也不论在哪类机构中进行实践，督导都会受到专业、个人偏好、文化处境及所处环境的影响。徐明心也指出，不论是督导者、督导对象还是服务对象作为社会成员都生活在某一特定的社会文化环境中，文化会影响社会成员看待自己、看待世界的视角，以及由此产生的信念和不同价值观。他进一步提出了文化敏感的督导整全模式（comprehensive model of social work supervsion）。这一模式将社会文化脉络纳入督导实践的理论框架中，指出社会工作督导的实践是在督导者与督导对象之间、机构组织的脉络以及文化脉络三个层次的互动中得以发生的。

从督导实践的直接主体社会工作督导者——的视角来说，督导者要开展督导实践，至少要掌握三个层次的理论或模式（史天琪，2019）：第一个层次是社会工作专业理论和模式，即督导者要对社会工作者在实践中运用的理论或实践模式的相关知识有所了解，这是督导者对督导对象在实践中理论应用的情况进行判断的基础依据，有助于发现督导对象在相关理论与实践应用中存在的知识缺口，指导督导对象对相关知识的补充；第二个层次是督导实践模式，即督导者要掌握在督导实践中运用的指导督导实践的操作性理论知识，如督导者运用反思学习模式指导社会工作者对实务经验进行反思、发展新的理解，或运用发展模式对不同专业发展阶段的督导对象给予技能指导；第三个层次是在已有模式基础上发展出来的对督导实践的整合式理解，这类模式试图提供一个解释督导应该是什么，以及应该做什么的全面性轮廓。理解督导的视角差异以及督导实践的多维度性，导致督导模式发展呈现出多种样态性。

（三）社会工作督导相关经验研究

早期许多学者将督导概念化为履行社会工作实践所必需的一些功能，而督导经验研究多是围绕着督导功能的争论展开的，包括行政与专业功能的冲突、督导者的双重角色及其对督导效果的影响等。这些争论的核心是如何平衡行政功能与专业功能的矛盾。许多研究表明将行政和专业两项职能保留在一个位置中可能会导致督导对象对督导者的怀疑和不信任，难以真正实现督导的专业职能，因此，将督导的管理组成部分与其专业支持职能分离得到了许多从业者的支持（Bradley & Höjer，2009；Brown & Bourne，1996；Jones，2004；Dellgran & Höjer，2005）。一项在澳大利亚开展的研究发现，督导者的行政职能与专业职能分离的好处包括为督导对象提供更灵活的督导选项，创造更加专注于实务技能和职业发展的空间，有更多可以利用的机会来创造实践知识，更好地体现一线管理的作用，以确保其不被误认为是专业督导（Egan et al.，2015）。

不过，也有研究发现将行政职能从督导职能中分离并未将行政与专业对立或一方压倒另一方的局面扭转过来,相反,督导所展示出来的这种适应性似乎进一步混淆了一线管理者与专业督导的角色(Egan et al.,2015;Beddoe,2012;Jones,2004;Munson,2002;O'Donoghue,2003;Egan,2012)。将行政督导与专业督导分离的尝试形成了从组织机构内部的直线层级的督导者演变到组织内部和组织外部专业督导者并存的混合供给局面(O'Donoghue & Tsui,2013)。

虽然外聘督导有其优势,包括有助于降低权力差异的影响、有助于督导者与督导对象的双向选择(如考虑种族、性别、宗教、文化、年龄等的影响),可以有更自由的空间讨论机构相关的议题而不用担心个人的职业发展受阻等(Beddoe,2010),但是选择外聘督导也会产生其他问题,尤其是在面临危机事件和涉及伦理困境的状况时,外聘督导者很难察觉到一线工作者面临的危险、其服务策略对其他人构成的风险或触及的伦理规范(Beddoe,2012)。这种分离行政管理和专业职能的督导还可能加深"管理"与"实践"之间的鸿沟,而且关注组织的目标和个人重点之间可能存在的失调性仍然悬而未决(Beddoe,2010)。另外,从组织发展角度来看,将督导业务外包会降低其专业效力,可能会引发组织变革(Bradley & Höjer,2009)。英国社会工作者协会同样指出督导中管理职能的重要性,但强调"这不应损害督导的其他功能,特别是促进反思性实践和个人发展的功能"(BASW,2012)。

尽管督导者与管理者的角色重叠(或混淆)不断引发学界有关"行政职能—专业督导"的功能主导权之争,但社会工作专业领域普遍认同督导对社会工作者、社会服务机构、社会工作专业发展和服务成效改善具有积极的影响。相关经验研究也从不同层面证明了督导的积极意义,如专业督导是促进社会工作者继续留在社会工作岗位上工作的重要影响因素之一(Gibbs,2001;Jacquet et al.,2008);由可信赖的督导关系所提供的情感支持有助于缓解工作压力(Himle et al.,1989;McNamara,2010;Mena & Bailey,2007;Newsome & Pillari,1991;Rauktis & Koseske,1994;Silver et al.,1997;Virtue & Fouche,2010);督导过程中的问题解决与服务对象的目标实现之间存在直接因果关联(Harkness,1995);有督导者提供督导的高风险案例顺利结案的比例更高(Burke,1997),等等。另外,许多研究还表明良性督导关系的重要性。督导者与督导对象的组合为督导工作的开展提供了一个微观的互动系统(卡杜山、哈克尼斯,2008),要建立良好的督导关系,督导者需要为督导对象建立一个安全和信任的环境(Strong et al.,2004)。有学者明确指出督导关系是社会工作督导的核心(Fox,1983、1989;Kaiser,1997)。能力和信任在督导关系中发挥着重要作用,督导对象对督导者的信任往往会产生更有效的督导合作关系,同时,这种信任也有利于督导者的感知能力和知识基础的增加(Jones,2006;Dill & Bogo,2009)。另有研究表明,来自督导者的支持是减少儿童福利领域社会工作者流失的关键因素(Gibbs,2001;Jacquet et al.,2008),督导者与督导对象之间信任程度越高,彼此对工作的满意度越高(Silver,Poulin & Manning,1997)。

雇佣社会工作者的组织属性也是影响督导者的职能、督导范围和过程的主要特征之一。美国的一项研究表明,不同部门之间督导的可用性(availability)各不相同——营利性行业督导相对稀缺,非营利部门及州政府社会福利部门督导的可用性较高,而地方政府相关部门中督导的可用性有些不足(Gibelman & Schervish,1997)。具体来说,营利部门的社会工作者往往由外聘督导负责,或者几乎不受督导;在公立学校或医院执业的社会工作者可能受非社会工作者的督导更多,或者根本没有受到督导(Gibelman & Schervish,1997)。组织政策和计划的变更同样会对督导带来影响。例如,一项针对长期照护机构中专业督导实践的研究发现,因机构面临服务对象需求、服务等候名单和个案数量的增加等情况,服务计划安排中要尽可能地"少数服务多数"——用更少的资源和更少的工作者为更多的服务对象提供服务。这种计划安排导致督导者需要成为"比社会工作者更具有商业头脑的人"(Bowers,Esmond&Canales,1999),更多的关注工作人员是否准时提交表格而不是服务质量(Bowers,Esmond&Canales,1999)。

以上研究大多是将督导过程浓缩或抽离为组织中的督导者与督导对象的互动,这些考察的关注点集中在服务组织内部的督导者与督导对象关系,其观察的重点在于督导职权的行使、督导的契约、督导角色以及督导的功能和任务。Tsui 和 Ho(1997)等人的研究发现则挑战了传统的督导方式受组织环境影响和驱动的观点,他们认为任何督导模式都是由其所发生的文化体系所塑造的,涉及机构、督导者、督导对象与服务对象之间的相互影响和交流,而这四方中的每一个都在同一特定的文化脉络中有其各自的目标。徐明心指出:"在此四者关系的交织中,第一线社会工作者对督导者报告其专业介入的结果,督导者向机构的高层管理者报告有关服务输送的关键讯息,机构必须对服务对象有责任回应其需求,以获得服务社群的支持。凡是服务对象的问题、问题的解决之道、督导对象的介入方法、督导者的角色与作风,以及机构的组织目标和程序,都深受文化影响。"

由于越来越多的服务对象与社会工作者来自不同的族群、社会阶级并有不同的文化背景,多样性已经成为社会工作直接服务与督导的重要议题,不同文化背景的督导者与督导对象的组合也十分普遍。根据 Powell(1993)的观察,多样性可以用来理解督导实践中的文化差异议题:第一,督导者必须意识到文化差异可能包含种种概念的差异,例如空间与时间、世界甚至是信念等概念的差异;第二,这些文化差别与督导的相关性必须被探究;第三,文化、种族特性和社会阶级可能决定求助行为的形态,督导者与督导对象应该密切注意这些议题。Hair 和 O'Donoghue(2009)的研究提到督导中"地点"的重要性:"督导者与督导对象探讨服务案例时,讨论的内容应该包括当地的结构性条件——贫困、资源获取、政策和立法以及强烈信念体系的影响。"同时,他们还倡导保持一种好奇和质疑的态度,对服务对象的生活抱着未知的态度去了解,以避免形成某种先入为主的文化判断。

(四)情境与社会工作督导的发展

在发展中国家的经济、文化以及社会发展脉络中的社会工作与在资本主义发达国家脉络中发展的社会工作之间存在差异(向荣,2017)。我国社会工作的发展路径与西方国家有所不同。西方社会工作的发展路径是"实践先行",即专业实践先于教育,在实务经验积累到一定程度之后,取得了社会认可，专业人才的数量和质量提升的需求随之增加，专业教育才得以发展并继续助力专业实践。我国社会工作的发展则是"教育先行"，社会工作教育先于专业实践，社会工作专业教育推动着专业实践发展。受这种发展路径的影响，我国社会工作督导的发展也体现出教育先行的特点。早期有关社会工作领域督导的研究更多的集中在社会工作专业学生的实习督导领域，认为督导教师指导下的学习对于社会工作专业学生的素质提升是必要的，是学生适应机构的桥梁，强调通过完善实习督导制度保障社会工作专业教育的品质（樊富珉，2001；黄耀明，2006；刘斌志、沈黎，2006；向荣，2000；姚进忠，2010；余瑞萍，2008）。

　　国内有关社会工作机构中专业督导的研究十分稀少。自1998年相关研究开始，直到2012年以前，笔者在CNKI中检索到的社会工作督导研究论文每年平均不超过8篇①。2012年，在发展督导人才政策的驱动下，我国学界对社会工作督导的关注度逐渐上升。虽然已有相关研究的侧重点有所差异，但多数围绕西方专业督导知识的传播及对我国社会工作督导实践的适用性而展开，最终落脚点在于如何推动（或建构）我国社会工作督导的发展模式。

　　从督导者的工作脉络出发，这些研究关注到督导功能、督导者角色和督导关系。在督导者角色方面，童敏（2006）通过对中西方社会工作实践的基本处境进行比较发现，我国社会工作督导者在专业实践中需要承担专业服务的设计者、专业服务需要的转化者、日常专业服务的指导者及专业服务的培训者四种基本角色。郭名倞等（2010）采用焦点小组法分析西方传统的督导的行政、教育和支持功能在实践中的发挥情况。童敏、史天琪（2017）的实

---

① 张洪英对1998—2018年间CNKI收录的中国社会工作督导研究文献进行了整理分析，发现发文状态总体呈"跃升"和"递增"的上升态势，但体量仍然偏少。发表数量少的年份是1998年，数量为1篇，重要的转折点是2012年，在这之后年平均发文总量超过10篇且呈明显的递增趋势。参见张洪英：《中国社会工作督导研究的回顾与展望——以1998—2015年CNKI期刊论文样本为例》，《社会工作与管理》2017年第4期，第5-11页；张洪英：《中国社会工作督导评估体系研究》，《社会工作与管理》2019年第6期，第16页。

证研究验证了当前社会工作机构督导中行政、教育和支持功能并存的情况，并且发现本土化发展方式还需要督导者承担项目规划及资源链接功能。这项研究同时关注到机构内部督导者与外聘督导者（高校教师督导者）在督导情境中的角色差异及功能差异，指出内部督导者倾向实务指导者与行政管理者的混合角色，而外聘督导者则更倾向专家咨询者角色。而社会工作机构内部督导者与一线主管角色重叠也是十分常见的状况，在许多机构中，督导者同时也是一线主管、项目主管，甚至是机构负责人（童敏、史天琪，2018）。还有学者对社会工作本土化过程中的督导关系进行分析，将督导者与督导对象的关系发展分为双方建立关系期、依赖督导期、双方合作期、社会工作者自主期四个阶段，并且指出在不同时期，督导关系特质有所变化（顾江霞，2012）。谢敏（2015）从督导者与督导对象的契合度入手，分析了督导关系发展过程中督导者与督导对象在不同阶段的契合状态及其与督导成效之间的联系，发现督导者的专业水平是影响契合程度的重要因素，而督导对象的态度和接纳程度会反作用于督导者。

在社会工作督导人才发展方面，已有研究对社会工作督导者的培养途径进行了探索。张莉萍和韦晓冬（2011）从人才培养目标、育才途径与特点、培养内容、成才标准、成效分析五个主要方面对督导人才培养的深圳模式（徒弟跟班式）与广州模式（学院式）进行了比较。齐华栋和沈文伟（2012）指出有效的机构督导应对成长环境、督导结构、学习模式、督导技巧等方面予以关注。值得注意的是，有学者注意到当前督导发展的现状与困境也体现出了地区差异的特质。政府主导下的督导制度建设与政府重视程度紧密相关，西部地区政府对社会工作以及督导尚缺乏完整、科学的理解，直接影响到督导队伍的建设和制度设计（周京，2018）。由于项目化的推进方式和服务的场景化特点（童敏、史天琪，2018），我国社会工作督导实践的处境与西方不同，因此需要结合其发展和实践脉络来探索社会工作督导的相关议题。

三、文献评述与启示

上述回顾已对前人研究的贡献做出了详细梳理,接下来将重点描述已有成果给本书带来的启发,对基于本书应做出进一步补充或批判的不足之处进行阐释,以为研究问题的提出做铺垫。

梳理社会工作督导的历史脉络、主要督导模式和相关经验研究可以发现:已有研究表明社会工作督导对社会工作专业实践的意义与作用,体现在社会工作督导可以促进社会工作者能力的提升和专业知识的发展、保障服务对象的权益和服务的品质、把控服务成效和组织效益以及提升工作满意度与预防职业倦怠等方面;组织类型、机构政策和计划对社会工作督导的工作范围、任务以及采取的督导类型有一定的影响,督导类型的差异也在某种程度上决定了督导发挥的功能、它的工作范围和关注的焦点有所不同;社会制度、文化等宏观层面的变化直接对社会工作服务供给、社会服务组织变革产生影响,进而成为社会工作督导发展或转型的催化剂。大量相关研究表明,在当今的组织环境中,督导由专业实践取向转向社会服务的行政管理取向,即越来越多的督导者同时承担着一线管理者的职权。

聚焦于社会工作督导的经验研究可以发现该领域一直绕不开一个争论焦点——专业督导与行政督导的"分"与"合"。这之所以不是一个微不足道的现象,是因为其对个人和专业层面都带来了挑战。其中,最为直接的表象是督导者同时担任一线管理者和专业督导者的双重角色问题。督导者一方面必须为从业者提供支持并关注其个人发展,分享专业价值和实践经验;另一方面他们必须行使必要的行政职权,确保这些从业人员遵守组织要求并实现目标。因此,具有这种双重角色的督导者在建立督导关系时往往面临更大的挑战,特别是当组织目标与一线工作者个人督导需求无法平衡时,所面临的挑战尤甚。尽管已有学者指出,我国社会工作专业发展情境与西方不论在社会结构层面还是组织设置方面都存在差异,但专业督导与一线管理角色(或者说职权)重叠的情况仍在我国社会工作督导发展过程中得到了

"复制"。这种广泛存在的职权/角色重叠现象是完全相同还是各具形态？进一步说，这种"重叠"现象在我国专业发展脉络下的发生机制及其可能对专业发展带来的影响或挑战是什么呢？

督导这一专业实践活动是通过督导者角色、社会结构及组织共同形塑的。然而在当前的经验研究中，不论从督导者资质的设定，还是当前研究主题的体现来看，以督导者为主体的研究数量比较匮乏，对督导情境的解读偏向客体化，未深入探讨实践情境内部的关联以及情境是如何影响实践的。已有研究多数预设了督导者的角色并预设其行动是被动性的，是专业组织及制度所赋予的，但不足在于较少探讨督导实践中制度—组织—个体是如何联动的，以及缺乏从行动者与情境互动中探讨行动者是如何运用策略以回应情境要求并形塑或巩固其专业形象的。已有研究多从角色—功能视角出发对"行政管理—专业支持"的冲突及解决进行描绘，这似乎本身就预设了二者是分离的。同时，角色—功能视角倾向于将组织情境看作客观化的"工作场地"，即充当背景因素。这种考察的不足之一是缺乏行动者的主观理解与所进行的工作的潜在客观构型和规则之间的相互作用关系。因此，笔者尝试从胜任力这一需要联系个体实践经验与情景匹配才可以得到整体发挥的概念出发进行探索。不过，已有专业胜任力相关研究集中于对胜任力模型指标的建构，但所用研究方法或忽略情境因素或忽略个体主观能动性，并且绩效结果导向的胜任力研究忽略了对胜任力产生机制的深入讨论。现有的胜任力研究中提及的工作情境更像是一个相对封闭的内生性系统，这可能会导致建构的模型与实际场景中的运用脱节的情况。

概括而言，社会工作督导知识源自西方社会工作领域督导知识的传递和经验研究，特别受英美等国影响较深，这使得发源于西方教育和实践体系的社会工作知识的适用性问题一直是我国社会工作学界与实务界尤为关心的议题。已有研究多停留在对西方社会工作督导知识体系中的督导功能、督导制度层面的探讨，缺乏对社会工作督导现实专业实践情境的深入了解及地方性督导实践知识的具体形态的探究，而这两者都与督导者在具体情境中的实践经验高度关联。由此，综合前人研究的成果与不足，本书聚焦于督导者的现实实践情境,从情境—行动主体视角出发,探索我国社会工作督导实践的特征和胜任策略,即通过描述督导实践的实然层面,对社会工作专业督导实践的表现形式、现实障碍(利益关系处理)、原因机制等问题进行探析。

第三节　研究设计与过程

一、研究问题与分析框架

社会工作督导作为一种专业实践,不同于普通实践,它是由专业人员共同构建出的实践共同体的领域。"他们合用一个行业传统,他们的某些行动惯例是相同的……他们在各种特定的机构环境中工作……他们的实践是依据行动单位的特殊种类进行建构的……并且,他们的范式既是社会性的,也是体制性的,以便呈现某种特定情境下的重复事件。"(Schön,1983)从这个意义上说,督导者所进行的实践发生在对情境的理解中。正如吉登斯(1998)所指出的,行动者与情境的关系并非是被动的,实质上情境本身就是行动的结构性要素。

通过已有研究成果可以看出,不论是实践理论和技术层面临床督导模式的发展,还是组织维度和整全模式的出现,抑或是督导经验研究中从组织情境到对社会文化层面的关注,都展现了督导实践中时间维度和空间维度的互动交织。鉴于督导的情境因素从涵盖个体互动和组织维度到对社会文化层面关注的延伸,督导实践中的时间维度和空间维度的互动也是不能忽视的。从时间维度来看,督导实践中的"时间"贯穿于宏观意义上的社会历史中的专业发展进程、中观层面组织间和组织内部的督导机制的变革进程、微观层面督导者—督导对象双方互动中的具体督导过程的持续时间以及二者各自的专业生涯发展阶段。从空间维度来看,督导实践中的"空间"既要考虑具体的地理空间,如专业所处的地理位置、地域范围、督导实践开展的具体地点等,也涉及人际交往的空间和心理体验,如督导关系中双方的"感觉距离",督导者或督导对象对机构的"归属感"等,还包括制度创造的准许范围、可操作性等制度空间在日常实践中的绵延体验。

因此,笔者尝试从行动者—情境视角出发,联系个体实践经验与情境的互动来探索社会工作督导的本质特征。在对已有研究文献总结和梳理的基础上,有必要对本书的研究问题进行更加清晰的梳理,以便对这些焦点问题进行回应。这里所关心的问题主要包括两大方面:一是这些涵盖从宏观制度层面到中观组织层面,再到微观个体层面的复杂性、多元性情境因素对专业督导何以存在、社会工作专业化和职业化发展何以可能具有的形塑性作用发挥路径及机制?二是督导者如何在情境要素的约束或促进影响下灵活地处理督导工作?这种处理导致督导形式、督导过程、督导关系等专业要素在实践情境中呈现出何种样态特征?这两大问题实际上是督导胜任力发挥过程中情境结构形塑与个体主观能动之间相互建构的基本表现。

分析框架旨在展现本研究的初步理论设想,即通过已有研究和经验积累勾勒出工作假设。已有相关研究为本书指向了一个有待探索的框架——情境与专业实践的互构。社会、组织和专业脉络形塑了社会工作督导的发展、效果及督导者的角色与职能。不过,已有相关社会工作督导研究中,社会工作督导实践的情境操作维度较为单一,主要表现在:聚焦在实践情境的宏观制度/社会环境层面,忽略了情境本身的多维度性和情境不同维度间的关联互动,以及督导主体在情境中的能动性,即关注宏观情境的时空维度,忽略个体互动中的时空交织而产生的特定情境定义。由此笔者尝试将"行动者—情境"作为本研究的着眼点,考虑运用如图1-1所示的分析框架探析在社会脉络、组织脉络和专业脉络交织互构下,督导情境对胜任力生成的影响以及督导者的行动回应策略。

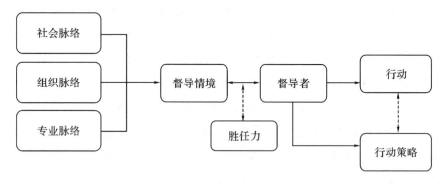

图 1-1　分析框架

二、概念界定

（一）社会工作督导

许多学者根据社会工作督导在专业实践和组织机构中发挥的功能来定义它（Kadushin & Harkness，2002；Poertner & Rapp，1983）。如 Kadushin（1992）将社会工作督导界定为行政、支持和教育三种功能的组合："……督导者与督导对象要建立积极的关系，通过彼此的互动来实现督导的行政功能、教育功能和支持功能。督导者的终极目标是依照机构的政策，遵循机构的处理方案，为机构的服务对象尽力提供在数量上最多、在质量上最好的服务。尽管督导者不向服务对象提供直接的服务，然而他们可以通过对直接服务的工作者施加影响来间接地提升服务水平。"

在《社会工作百科全书》（*Encyclpedia of Social Work*）中，Shulman（1995、2013）沿用了卡杜山的定义，并补充了社会工作督导内容涉及的主要领域：直接实践、专业影响，持续学习和工作管理。督导者通过行政功能确保机构政策和服务的有效实施，通过教育功能提高一线社会工作者的专业价值观、知识和技能，通过支持功能提高工作的士气和工作满意度（Kadushin & Harkness，2002）。近些年，随着督导之于反思和持续学习的作用被反复提及，也有学者认为督导是一个促进反思和学习的场域，是发生在督导者与至少一个人之间的互动对话，这一对话形成了专业实践者对实践的回顾、反思、批判和补充的过程(Davys,2001;Davys & Beddoe,2010、2016)。

基于以上定义维度,本书将社会工作专业督导界定为:它是一个多维度的互动过程和持续学习发生的场域,在这个场域中,有丰富社会工作实践经验与理论知识的督导者为一线社会工作者(督导对象)就专业实践、工作安排、个人成长和职业建议等相关议题进行讨论、审视和反思,从而帮助督导对象实现理论知识与专业实践的协同发展以及服务经验与专业自我的整合,最终推动社会工作的专业发展和服务品质的提升。

(二)督导者与督导对象

一般来说,督导实践的最直接参与者是督导者与督导对象。督导者一般是由社会工作服务机构雇佣的,并且根据机构制度安排和行业相关规定为督导对象提供督导服务的人;督导对象通常是指接受督导的人,一般指服务机构中直接参与一线服务的社会工作者。根据雇佣情况不同,可以分为两种督导者——机构内督导者与外聘督导者。机构内督导者即机构直接雇用本机构内部的员工作为督导者,为机构的社会工作者提供督导;外聘督导者是由机构或社会工作者本人聘用机构以外的督导者进行督导。

在我国,不同类型的督导者的出现与社会工作专业和职业发展背景有很大联系。如在 21 世纪最初十年,社会工作职业发展较弱,服务机构少,有经验的社会工作者更是十分稀缺,因而,督导主要由高等院校社会工作专业教师、港台地区督导者或港台地区资深社会工作者等外聘督导者构成。但近几年来,随着社会工作机构数量和社会工作从业者数量的增加,一部分有经验的社会工作者晋升为督导者,这些督导者偶尔也承接一些新近成立的机构的督导工作,成为外聘督导者队伍中的一部分。本书中指涉的"督导者"是指由机构内资深社会工作者经过地方行业协会或其他官方认证资格审核的督导者,并且作为"督导者",他们不一定是其他机构的外聘督导者,但一定在为本机构内部的社会工作者提供督导。根据描述的背景,本书也会将"本土督导者"称为"内部督导者";相对而言,本书中的"外聘督导者"是指由机构自主聘请的兼职督导者。

(三)专业胜任力

已有文献明确了能力与专业胜任力的关系和差异——能力包含基本能力和专业胜任力,基本能力是指"非专属于某一特定职位或工作领域,可以广泛转移或运用于其他行业,在实际工作与生活上都需要的能力"(温玲玉,1998)。专业胜任力指一个人有资格或适合从事特定工作或担任某一角色,或者个人在自己的专业生涯中拥有处理每项工作所需的技术、行为、知识和价值。一般认为,专业胜任力包含了知识、技能和专业态度三个要素。从研究问题出发,笔者较为赞同 Stanto(1989)对胜任力的观点,即专业胜任力因事实与技能的恰当结合而发生,同时也发生在情境的理解中。没有对情境的理解,个体不仅可能不知道如何以及何时适当地发挥他们拥有的知识和技能,而且也可能无法进一步发展知识和技能以适应情境变化。同样,若没有事实与技能的恰当结合,对情境的理解也是无效的。

在本书中,专业胜任力不是一个静态的概念,而是一个工作过程的图景,是嵌入于整个实践过程之中的,因而在界定专业胜任力时需要以动态、过程的视角,将其置于完整的实践情境中来看待。在本书中,对督导者胜任力的探索,既包括督导者的个体行为体现和表征,也关注专业实践场域中工作维度及角色特征,更加关注"胜任力"的生成机制及其影响因素。

(四)情境与情境表达

社会工作学科对"情境"有许多不同的解读,它可以是社会工作实践过程中某个具体的地点,如服务对象的居住地、工作地点、某个事件发生时的地理位置等,也可以是抽象的、没有具体形态的虚拟时空或系统,如网络空间、冥想情境等。"人在情境中"作为社会工作的基本概念之一,精炼地概括了人与情境的相互依赖、互相影响的复杂动态关系——情境通过何种条件/因素对人产生影响与个人如何看待这些影响都会使整个互动形成不同的结果(Hollis,1949)。从这个意义上来讲,情境可以是实体/非实体,同时也是动态的、流动的和可塑造的。

吉登斯(1984)认为,情境是时空序列中各种在场与不在场的交织关系,是实践意识流在社会的结构性特征中得以"反思性监管"的基础性场域。Goffman(1964)则认为社会情境不仅仅是行动者之间的几何交集,也是具有属性和结构的"自成一格的现实"(a reality sui generis),因此需要对其进行分析。情境社会学家 Carr(1945)指出情境的动态性,他认为情境是由人、文化特质、具体的意义和关系、动态过程、具体时间和具体地点六个变量结合产生的一种动态模式,它具有形式、维度、内容、元素、阶段、过程、条件因素以及与其他情境的关系——共存关系、预设关系或相继关系。

由于情境的普遍性和特殊性,笔者不倾向给情境下一个精确的定义,而是给予"情境"充分的流动性空间,从实体的政府机关、社会工作机构、社区到非实体的制度、组织文化、工作场域;从过去至未来的历史情境到特定时间与地点交汇的具体情境。但是作为研究的一部分,仍需要给本书中的"情境"下一个操作化的定义。综合前人研究和田野体验,基于我国社会工作督导的发展和实践特征,将"情境"操作化为制度情境、组织情境和个体互动情境三个具体层面。情境表达是指某些事物在一定的情境当中,被影响、建构、反复界定之后所呈现的样态及其过程。所谓社会工作督导胜任力的情境表达即专业督导在情境中,受情境条件、要求、行动者的理解等影响,督导的策略、形式、过程或者是结果的界定或反复界定后的"展示"。

三、研究方法与过程

本书的目的在于探讨实践情境与社会工作督导的互构过程对社会工作督导样态的影响。探究社会工作督导的情境特征和督导者塑造的专业情境样态,相对难以通过定量的方法来完成,更适合采用以解释现象为导向的定性研究,从而呈现督导经历和行为脉络的本质。鉴于督导发展的地区差异性和社会工作专业服务领域多样化等发展性因素,以及研究成本和调查便利性的考量,笔者主要对深圳、厦门两市的部分督导者和督导对象进行了调查,采用深度访谈、参与观察和实物分析等方法进行资料收集。笔者获取研

究资料后，将文字资料、录音转录访谈资料导入 MAXQDA 质性资料分析
软件辅助资料整理与分析。

深度访谈是一种研究性交谈，具有明确的目的性和规则，是理解受访者
个人经历、经验、心理活动和思想观念最直接和常用的研究方法。一般来
说，访谈形式、访谈内容、访谈目的等会随研究过程而调整。本书中主要采
用无结构访谈和半结构访谈法。在研究初始阶段主要通过无结构访谈尽可
能全面地了解督导的相关情况，涉及个人的基本信息、从业经历、督导经历、
工作方式、观点和体验、遇到的问题等一系列内容。随着研究的深入，逐渐
转向半结构访谈，以澄清先前访谈中出现的重要问题和尚存的疑问。本书
的访谈对象主要由深圳和厦门两地 28 名社会工作督导者和 14 名一线社会
工作者（督导对象）构成，涵盖了社区、家庭综合服务中心、精神健康、禁毒、
青少年和老年社会工作服务等领域。此外，笔者也访谈了广州、福州、泉州
等地的一些社会工作者和督导者，作为辅助证明和信度验证。访谈的持续
时间在 1～2 个小时，多数受访者是通过正式约定开始访谈的，即正规、面对
面的访谈形式；少数受访者是在日常生活场景中，根据当时的情形随机进行
的非正规访谈。为了深入了解受访者的经历和看法，笔者选取一半受访者
进行了二次访谈。还有一些田野中的随机交谈因访谈的持续时间、访谈对
象信息的不完全性，可能未达到深度访谈的执行标准，但这些随机交谈亦对
充实研究观点起到了重要的作用。

参与观察法是研究者通过观看、体验、互动和思考来与研究对象所处情
境发生关联的重要手段。运用这一方法时，研究者既是观察者，又是经历
者，透过其所参与观察的活动，更直观地看到行为或事件的发生、发展和变
化过程（陈向明，2000）。在本书中，参与观察作为辅助资料，帮助笔者更好
地理解社会工作督导所处的情境特征，为此，笔者跟进了一项社会工作督导
培育的实施过程，直观地体验到在地方政府、社会工作机构以及高校合作下
的督导者的"产出"过程，并借助访谈、机构参访等机会，实地观察督导者的
工作场所和工作方式。

除了深度访谈法和参与观察法，本书还采用了实物分析法作为补充。

实物资料涵盖的种类非常丰富,包括立体物品、文字材料、影音记录等,这些资料通常以客观实体形式存在,往往是情境下的特定产物,承载着某些人对一定事物的观点和看法。本书中,收集的实物资料涉及个人和官方两个类别,个人资料包括督导者和督导对象提供的督导笔记或反思记录、照片、工作总结等;官方资料包括地方政府出台的相关政策文件、行业协会出台的相关制度、机构规章制度、机构督导评估考核表等。透过官方资料和个人资料的"对话",可以发现这些实物资料不仅充实了研究资料,也促使笔者反思有关宏观政策制度绵延到个体互动情境的直观理解。

定性研究资料的收集过程与分析过程往往是相互照应的。选择何种分析方法,一方面是基于想要探究的研究问题,另一方面又离不开个人志趣和资料收集中的主客观因素的限制。从时间跨度来看,本书资料收集过程大约持续了三年,自 2015 年 12 月至 2019 年 1 月。从收集内容角度可以分为三个阶段:第一个阶段是收集督导培育过程的资料;第二个阶段是收集不同地区督导执业(实践)过程的资料;第三个阶段是收集不同服务领域督导实践的资料。由于社会工作者实务地点的生活化(多数在社区开展实务工作)和机构中督导类型的多元化(如很多机构中内部督导、外聘督导共存,督导者和督导学员/督导助理都进行督导会议等情况),在现实环境中,很难将某一领域或某一内容完全抽离出来,若采用线性的"资料收集—资料分析"方法,在全部资料收集后,再运用类属法进行编码很难达到饱和。因此,在研究过程中,笔者采用了"连续比较法",即资料收集过程与分析过程是循环递进的,通过"资料收集—分析—再收集—继续分析……"这样的抽样流程进行,直到达到"饱和点"。

此外,个人经历和志趣也指引着研究过程的前进方向。最初,引起笔者兴趣的问题是"一线社会工作者是如何成为督导者的? 他们需要经历什么?"自 2007 年成为一名社会工作专业学生开始,本科与研究生阶段一直绕不开的一个迷思是"社会工作督导"到底是什么? 这一术语既包括理论与实践的某些形态,也指职业场域中的一个岗位。在 2013 年笔者参与的一项社会工作者职业倦怠状况的调研中,许多一线社会工作者反映职业晋升渠道狭窄,而"成为督导者"相当于专业技术岗位晋升的唯一渠道(石亚、史天琪,2013)。然而,彼时笔者有关社会工作督导的全部知识几乎只是教科书上的寥寥几行概念和稀疏的几页有关督导功能、督导形式的介绍。至于督导实践,笔者以为更直接的联系是社会工作专业教师指导学生实习,或者专业教师去机构培训(事实上,现阶段培训与督导的混淆或将培训等同于督导的情况依然广泛存在)。笔者暗自以为社会工作者在做了很多年一线社会工作后,自然而然就会晋升为一名督导者。直到2015年,随着相关政策的推动,大量的督导培训班如雨后春笋般出现时,才重新唤起了笔者对"督导"的探究欲。

福建省首届社会工作初级督导培训班成为笔者最初的"田野"。作为一名参与观察者,在2015年12月至2016年12月,笔者为培训班的顺利开展和课程安排做一些"打杂"工作,其中包括文本资料的收集,如各地督导培训的课程安排、国外专业督导实践指南的收集、学员的督导记录等。培训资料收集过程中,逐渐丰富的资料向笔者呈现出另一条线索——"成为督导者与可以胜任的督导者之间的差异"。笔者继而选择了三名督导学员进行追踪,以探索这一变化过程。然而,遗憾的是,当督导培训班结业之后,跟进的三名督导学员回归其雇佣机构后,他们的督导实践或淹没在了繁忙的实务工作和行政事务之中,或因机构未设置实质的督导机制而暂时搁置。之后跟进访谈多名学员后,笔者发现这种现象在福建省广泛存在——"缺乏制度规范"导致机构内部督导者"名存实亡",大多数机构依旧雇佣高校教师为社会工作者进行督导。当"督导的制度规范"这一概念显现时,指引着笔者将资料收集的焦点转向深圳——国内社会工作发展的先驱城市。到2017年,深圳市已经逐渐落实了社会工作督导者的资格申请、督导规范、薪酬补贴等一系列督导制度建设,并且形成了"督导助理—初级督导—中级督导"三级督导制度。当将"新手督导者到可以胜任的督导者"这条线索置于更广泛的社会制度文化情境中去审视时,它指引着笔者的资料收集方法和内容的选择,收集到的资料在抽象概念化过程中又不断产生新的概念类型或属性,由此再指引着下一步的资料收集,如此循环递进,直到概念达到饱和的动态过程。

已有文献和前期实践调查经验显示,当前各地区社会工作督导实践大致可以分为两类,一类是社会工作督导制度规范较为完善的地区,如深圳、广州;另一类是正在初步建设社会工作督导制度规范的地区,如厦门、杭州等地。笔者选择对厦门市和深圳市的社会工作督导实践进行个案研究,主要基于社会工作督导发展的地区差异性的考量,具体来说包括以下几个方面。其一,督导发展阶段的"相对完整性"。如深圳作为中国社会工作行业发展的先驱城市,其专业督导的发展经历了从无到有、从港台督导者到本土督导者、从无经验的本土督导者到具有一定经验的督导者几个重要的阶段;鉴于笔者对福建省社会工作督导培育班的跟进研究,直接"见证"了其中厦门督导学员向督导者转变的历程。其二,是否出台了社会工作督导实践的相关制度。深圳市具有明确的社会工作督导者选拔机制、培养方案和行业规范;厦门市虽然尚未出台①具体的督导实践规范,但当地政府主管部门出台了支持社会工作督导实践的相关政策规定。其三,稳定督导机制的考量。尽管业界广泛赞同专业督导之于专业服务的不可或缺性,但由于人才缺失、行业机制不健全及机构规章不完善等多方面因素,现阶段国内多数城市中的社会工作机构其专业督导机制建设处于"望尘莫及"的状况,而深圳市绝大多数社会工作机构已具备或在建设相对稳定的督导机制。另外,福建省初级督导培训班田野历程也是笔者研究过程中的重要一环,一方面其督导人才发展过程与深圳路径不同;另一方面它又衬托出专业发展过程中"实践情境"本身的多样性——不同情境中的社会工作督导者们的经历差异、实践差异和其与情境互动过程中对专业胜任力生成过程的差异。

---

① 此处是笔者确定研究案例时的时间节点 2017 年。2016 年,厦门市民政局印发《厦门市社会工作专业督导员培养方案》,明确厦门社会工作专业督导的培养对象、形式、内容、时间、步骤,但与深圳市不同的是,并未对督导实践规范、薪资指导等内容作出说明。

第二章 制度变迁与社会工作督导的发展

　　作为社会工作领域的一个后发国家,尽管早在 20 世纪 20 年代中国社会工作学科就有萌芽之土壤,但囿于当时的社会环境,包括专业督导在内的专业社会工作并没有真正形成。新中国成立后,国内曾经历了较长期的计划经济体制时期,该时期最鲜明的特征是城市单位制与农村公社制,几乎每一个体和社会组织都被框进由行政网络密切组成的党政系统之中,尽管社会工作的受众对象和本职事务始终客观存在,但其无论是在专业形式设置,还是在官方和民间话语或意识中的职业形象都尚未构建起来,更遑论针对社会工作者的专业督导。形象地说,计划经济时期的"社会工作督导"属于一种缺乏督导之名,却一定程度上又具备社会工作督导实质的非专业性督导——为便于分析和区别,本书将之表述为非专业督导。改革开放伊始,随着国家政治体制改革的推进,社会工作专业和职业作为"舶来品"逐渐系统地引入国内,首先在城市社区工作场域中得以开展和推广普及,但是该阶段的社会工作督导仍保持着鲜明的行政性指令色彩。而自 21 世纪伊始,以"政府购买,民间运作"为特征的社会工作模式迅速发展,成为国内社会工作的主流模式,针对社会工作的督导方式也快速迈向了专业化、职业化。

　　归纳起来,从行政全面管控下的非专业督导到强行政性督导,再到政府购买背景下的强专业性督导①,处于强制性制度变迁和自发性制度变迁中的社会工作处于不断被建构和重新界定之中,社会工作督导专业化日渐强化的同时,社会工作督导的本土化正成为我国社会工作专业建设过程中的另一主体性内容。在这里,社会工作督导的本土化问题即是社会工作督导的专业技术在我国社会工作实践情境中是否具有一定胜任力,以及制约督导胜任力得以实现的情境影响因素的发挥路径,而在督导本土化所嵌入的三重情境中,我国制度情境与西方国家差异巨大的整体性无疑是社会工作督导面临的最首要,也最重要的情境因素。基于此,本章将根据我国社会工作发展的纵向历史脉络,结合典型性案例,围绕社会工作督导胜任力的发挥路径和制度情境影响因素展开分析。

第一节　非专业化督导的制度情境与实践

一、单位制时期:非专业督导的制度情境与实践

自 20 世纪 20 年代我国引入社会工作算起,社会工作专业在中国的发展已有近百年的历史,不过它的发展之路并不平坦。20 世纪 20 年代至 40 年代末,专业社会工作引入我国后,国内部分高校开始建立起专业的社会工作教育培训课程体系,例如北京大学、南京金陵大学、东吴大学、复旦大学、清华大学等许多知名高校开设了社会工作专业的相关课程。与此同时,社会工作性质的教学实习基地建设也有一定的发展,其中较有代表性的实践是晏阳初等人在河北定县(今定州市)推行的贫民教育方案、梁漱溟等人在山东邹平县(今邹平市)尝试的乡村建设实验,以及由一些知识分子成立的

---

① 要强调的是,本书将政府购买模式下的社会工作督导操作化为强专业性督导并不意味着任何具体情境中的督导行为就必然具有很强的专业技术色彩,而是与过去行政全面掌控时代非专业督导方式、社区社会工作时代强行政性督导方式的整体纵向对比做出的界定。涉及中观或微观的情境时,督导的行政性或专业性色彩强弱还需视实际的情况灵活界定。

"中国福利会"等组织所倡导的乡村改造服务。在抗日战争和解放战争中，社会工作服务在难民救济、难民医疗、难民安置等方面发挥了重要作用。然而，由于政局动荡不安、经济社会建设滞后、中日战争和解放战争等一系列客观环境因素的严重制约，整体上社会工作主要零星存在于高校课程安排和试验性质的地方实习基地，距离真正意义的专业社会工作还有很大的距离，自然也谈不上专业性的社会工作督导。从文献的梳理来看，尽管从 20世纪 20 年代至新中国成立初期，社会工作教育和实践在我国有所发展，但是关于这一时期督导实践的研究成果则基本空白。

1949 年新中国成立之后，政府颁布了一系列以优抚和拥军优属等为主要内容的相关政策、规定、条例及具体办法，由此初步形成了颇具中国特色的行政性社会工作。新中国成立初期，党和政府一方面面临自然灾害频发的威胁；另一方面要进行战后重建工作，必须开展大规模的社会救济、就业安置、社会改造等方面的社会公共工程，因而社会主义特色的非专业社会工作迎来了短暂的发展高潮。至 1952 年全国高等教育院系调整后，由于社会学、社会工作等专业被裁撤，我国社会工作进入了长达 30 余年的停滞期。不过，在专业停办期间，社会工作的相关实践和服务对象仍持续存在，只是此时的社会工作职能直接由党和政府组织承担，所以这种状态下的"社会工作"可称为"政府负责的、非专业化的社会工作"（王思斌，1995）。

非专业社会工作是中国计划经济时期党政领导一切——具体体现为城市单位制——的必然性结果。概括来说，单位制的核心功能体现在将民众"组织起来"和"包下来"两方面，国家以单位制的形式将民众的各种生存和发展需求包揽下来，进而将民众成功地"组织起来"（Bray，2005）。这一时期的单位可以称得上是"物质福利的一整套供应者"，几乎所有的社会保障和福利都被囊括其中（姚泽麟，2017）。单位制时期，基层社会管理事务中的社会福利工作者多由企事业单位中的职员兼任。同时，城市社区居委会作为单位制的有效补充，与单位制紧密衔接，其主要目的在于管理好游离于单位之外的人员。显而易见，从新中国成立直至改革开放前的 30 余年里，由于国内非专业性质的社会工作缺乏基础的专业性元素，此时的"督导"几乎是单纯的上级对下级的"监督指导",是典型的科层制组织运作的体现,而非当前专业化、现代化、系统化意义上的社会工作督导行为。

二、政府职能转型时期:强行政督导的制度情境与实践

1984 年 10 月,中共十二届三中全会作出了《中共中央关于经济体制改革的决定》,提出由高度集中的计划经济体制向社会主义市场经济体制过渡的改革总思路,强调由政府责任和权力独揽向政府与社会分权及责任分担的有限责任制的转化。经济体制改革牵动了行政管理体制改革,这成为推动社会工作发展的直接动力(王思斌,1995)。具体地说,随着国内改革开放的持续深入推进,政府职能处于不断转型之中,以往基本由政府统一全权包揽的社会公共服务职能逐渐外移,个体福利不再强制地捆绑在企业和单位身上,而是转交给社会,此时社区居委会不仅逐渐取代了单位成为基层管理的主要形式,而且其职责也发生明显转变,从只管理无单位的边缘人群逐渐转向社区全体居民。

为应对和适应政府职能转型,民政部在 20 世纪 80 年代中期提出了开展"社区服务"的倡议,明确要求在城市社区中开展社区服务。1987 年民政部在武汉召开的全国社区服务工作座谈会中提出建立和完善城市社区服务系统,并在 90 年代初期确立了北京市西城区、杭州市下城区等 26 个国家级试验区,探索符合市场经济发展要求的社区建设管理体制。这一由民政部门牵头、有关部门配合、社区居民和社会成员广泛参与的新型社区建设工作体系为我国专业社会工作的发展提供了土壤。进入 21 世纪后,和谐社区成为社区建设的主线,居民生活水平和质量的提高成为社区工作的焦点。特别是 2000 年民政部下发的《关于在全国推进社区建设的意见》(以下简称《意见》)正式开始施行,《意见》强调社区建设要以拓展社区服务为龙头,内容包括发展社区卫生、繁荣社区文化、美化社区环境、加强社区治安、完善社区功能等,标志着社区建设开始全面铺开。

在政府职能转型和社区建设的契机下,社会工作教育也得以迅速恢复

和重建,包括社会工作督导在内的社会工作专业化、科学化、体系化建设也逐步展开。针对社会工作督导而言,该时期专业督导胜任力的发挥受到的制度情境的影响路径主要体现在以下几个方面。

(一)依托社区工作

政府职能改革一系列举措的实施,促使社区工作重心在四个方面发生转变:一是社区工作的定位从管理转向服务;二是社区服务面向的群体由需要救助的特殊居民和三无人员转向社区所有居民;三是社区服务的提供方式由面对面的窗口式服务和探访式服务拓展为多元化服务形式,如直接服务与志愿服务相结合;四是社区服务的提供者由社区工作人员拓展到了社会工作者和志愿者(童敏,2016;童敏、史天琪,2017)。这些转变使城市社区最早成为专业社会工作服务的"试验田",也是最主要、最基础的社会工作服务场域。在这片"试验田"中,专业社会工作者承担的主要是社区日常工作的辅助者角色,从事的具体工作长时期内仍带有鲜明的行政命令性色彩,虽然相比完全行政性的非专业社会工作而言,该时期的社会工作已有明显进步,但还算不上是现代意义上的社会工作职业。

虽然 20 世纪 80 年代后期部分高校就重新开设了社会工作专业,且社区、社会福利机构、社会组织等也开始积极吸纳高校社会工作毕业生实习和就业(王思斌,1995),但直到 2000 年以后社会工作的职业化建设才真正启动。劳动和社会保障部在 2004 年 7 月 1 日正式颁布实施了《社会工作者国家职业标准》,标志着社会工作职业制度在全国的正式建立,社会工作督导也开始拥有了专业意义的活动领域。此前,由于专业社会工作机构还未广泛出现和开展服务,社会工作的主要形式是高校社会工作专业的教师带领学生通过专业实习的方式参与社区服务,涉及的领域也是市场经济体制转型过程中带来的社会保障、失业、再就业等问题(王思斌,2011)。在这种情况下,社会工作及其从业者更多是作为辅助者的角色参与处理社区的日常行政事务,而诸如个案工作、团体治疗、临终关怀等深度社会工作服务业务鲜少开展,也缺乏开展类似服务的社会土壤。有学者指出,这一时期社会工作的重要特征是浅层嵌入原有社会服务体系(王思斌,2011),虽然社会工作的专业性已有所体现,但仍依附于行政系统,不可避免地具有很强的行政性色彩——尽管从纵向上看,相较于计划经济体制时期,社会工作的行政性色彩无疑已被大幅削弱。

该时期对社会工作督导的专门化需求也逐渐出现,这主要是因为社区引入专业社会工作,需调整原有行政性社会工作和专业社会工作的关系,专业社会工作对督导的需求随之形成,社会工作实务技巧提升需求也随之浮现,亟须通过专业指导和培训来加强。在这一发展背景下,开设社会工作专业的院校在初步完成自身专业建设的基础上,结合社会工作专业的实习要求,许多社会工作专业的教师投入社会工作的专业实践中,或直接参与一线服务,或作为实习督导指导社会工作专业的学生开展专业服务。归纳地说,这一时期的督导主要以实习督导为主,督导者和督导对象是师生关系,督导内容主要是专业实习中遇到的困惑,督导者发挥的主要是专业指导功能。

访谈对象 S26 是东部地区某高校的一名社会工作专业的教师,该校于2004 年开设社会工作专业。据该访谈对象回忆,在 2007 年之前,学生的专业实践几乎一切都靠"自己摸索",由于专业机构的缺位,专业督导还只是等待发芽的种子。

> 我记得 2006 年的时候,我们招的第一届学生进入大三下学期的专业实践环节,当时因为几乎没有专业社会工作机构,他们的专业实践基本安排在了社区,还有的安排在市救助站,但那也是很不容易的,你(带实习的老师)需要跟社区关系不错,或者靠学院领导去协调安排。有时候学生安排进去了都有些受挫,他们回来跟我说不知道去干什么,因为有的实习单位根本不需要学生天天去,学生反映,到了实习单位发现那里没有多余的位子(办公地点)。社区这边呢,也不知道社会工作的学生过去能帮他们做什么。有的社区需要学生天天过去基本是因为有些实际的任务,比如赶上节日或者检查,配合开展慰问活动,还有录入数据、整理资料这种行

政工作也是不少。（S26-WX201812）

可以说，依托社区工作时期的督导仍未真正地走出"校门"，督导者和作为督导对象的社会工作者之间主要是师生关系，前者对社会工作的督导与其说是工作督导，不如说更像是针对课程实习的指导或评估，尚未形成专业化的督导体系和职业化的督导。也就是说，受限于当时政府职能转型期整体社会工作建设水平滞后和行政运作体系的惯性，社会工作督导所处的情境还未能从学校学术场域真正转向职业场域，本应是"专业知识学习——社会实践——职业应用"良性循环的督导转化体系还未形成，基本局限在专业学习范围内，尚没有成为社会政策的推动性力量。当然值得肯定的是，此时社会工作督导实践以一种自下而上的方式推动着社会工作的发展，即使社会工作者接受的督导属于师生小圈子的督导，但将得以提升的社会工作技术用于社区工作时，实际上对社会工作专业的整体开拓已发挥出积极作用。从社区社会工作的整体状况和案例来看，其工作无论从职业设置、角色功能上，还是社会认可度上都还处于较边缘阶段，针对社会工作的督导胜任力的发挥主要是通过"人"而非"制度"加以实现的。

（二）专业督导需求与实习督导张力

实习督导虽然承接着将理论转化为实务能力的任务，但由于当时多数专业师资队伍的非专业性问题和专业实务机构数量有限，尽管社会工作专业的学生形式上进入了服务场域，实质上却缺乏真实有效的专业实习环节，非专业社会工作机构也无法提供专业的实习督导者来培养社会工作者。这种局面下，最终导致许多实习生和毕业生难以适应新的工作环境（文军，2009），大量实习学生被"淹没"在社区行政工作当中。在实习阶段，来自指导教师的督导亦相当普遍，不过仍无法满足工作场所中对专业督导的需求，专业督导需求与实习督导之间存在很大的差异性——关于二者的差异性问题，已有学者做出了专门比较（见表2-1）。

表 2-1　实习督导与员工督导(专业督导)的主要差异性比较

类别	实习督导	员工督导
目的和任务	教育	保证案主服务品质
组织主要活动	教学和研究	(机构)服务效果和效率
时间观念	注重未来取向的目标,如建立学生的价值倾向、知识和技能	聚焦于眼前的目标,即提供高品质的服务
主要焦点	注重对实务现状的分析	注重对现有服务计划的维持,提升和服务的有效性
被奖励的行为	批判性的分析、发展尝试并报告新的想法、从事独立的心智活动	称职的工作表现、体制的维持、团队合作
工作方法	实习督导中的问题探讨特征:一般和抽象	机构中偏向特定且具体的方法
管理方法	学院式	科层制

资料来源:Bogo M,Vayda E J. The Practice of Field Instruction in Social Work:Theory and Process. University of Toronto Press 1998.

由此可见,虽然高校学生在社区实习中也接受着一定的督导——以师生间的课程指导性督导为主,但作为一种典型的实习督导,这一形式的督导无法真正地解决实习中遇到的现实性难题,导致技术督导和现实应用之间出现了很大程度的脱节。法国思想家萨特曾直白地描述:"(我们人类)首先存在于环境之中,我们不能脱离环境,环境塑造了我们,决定了我们的可能性。"(Sartre,1946)作为脱离了现实场域,特别是脱离了正式的制度化场域的社会工作督导,课程指导性质的实习督导无法有效地解决来自正式工作场域的现实问题:一方面,鉴于职业设置结构的限制,无论是实习者本人还是高校督导者,他们所接触和感知的问题一定程度上属于被制度情境有意无意地遮蔽、过滤或筛选后的问题,他们缺乏机会或实际可能性去发现真问题,更遑论真正地提供解决问题的"药方";另一方面,由于督导反馈无法转化为足以整体上解决问题的政策方案,这意味着督导仅停留在认识问题的层面,对专业督导需求满足层面的建设无济于事,现实问题依旧存在。此外，与现实专业场域中的问题应对不同，学校实习督导中对于问题的相互反馈更偏向于一般化、抽象化研讨，侧重理论性和思辨式问题框架的建构，难以统筹兼顾"务虚"与"务实"，二者的脱嵌使同一问题的不同方面被"割裂"在两个不同行动场域——实习督导场域和现实行动场域，从抽象问题到实践问题的连续性发生了脱节。此外，专业督导知识发展的滞后性使得21世纪时我国的多数实习督导者"凭经验督导"。学者张洪英作为我国社会工作实习督导研究的先行者，她的实习督导经历和研究关怀反映了这个时期我国社会工作实习督导发展的状况。张洪英（2012）在论述其研究缘起时提及20世纪90年代末至21世纪初的社会工作实习督导经历中的"懵懂感"以及接触到专业督导知识后触发的感受："在内地10多年社会工作实习督导的过程中，我一直是在懵懵懂懂中、在不知社会工作实习督导为何物的情况下，就开始了实习督导。开始时的督导是从经验出发的，如人生的经验、为人处世的经验、行政工作的经验等，反正那时候的实习本来就是行政性的实习，而不是专业实习。诚然，这样'经验式'的、'行政性'的实习督导也能发挥某些作用，但后来随着专业化的发展，随着自我专业能力的提高，我的实习督导也开始发展到了专业督导的阶段。"

（三）服务色彩的增强

与计划经济时代政府直接管控式的非专业社会工作供给不同，改革开放后的较长时期里，依托社区工作的社会工作供给的服务色彩逐渐增强，行政色彩相对淡化。然而，亟须再次强调，该时期社会工作行政色彩的淡化是和以往相比较而言的，直观上看社会工作仍具有强行政性色彩，这是政府职能转型期社会工作的基本特征之一。作为政府职能下放和转移的主要承接者，社区居民委员会是居民自我管理、自我教育、自我服务的基层群众性自治组织，这决定了社区工作是以服务为宗旨的。但社区居委会又带有行政管理的性质，并且在不同地方具有不同程度的体现，甚至在政府职能转型初期行政管理倾向要明显强于服务倾向。

有学者指出，由于当代社区类型的多样化、社会生活的网络化、社区公共事务的冷漠化等社区多重"碎片化"问题,社区治理在我国这样一个"巨型社会主义国家"中更显重要和紧迫,如何重建社区共同体以实现社区善治成为国内政府、社会、学界等讨论的核心议题(杨君等,2015)。在这一过程中,重塑政府与社会组织的分工和合作关系,培育社会工作人才队伍和构建新型社会服务体系是迈向服务型社区治理目标的主要手段。作为社区服务供给的必然选择路径,尽管该时期社会工作者的主要角色是社区工作的配合者和实施者,其服务性功能正逐步显现和增强。此时,督导虽然以实习督导为主,但督导中关注的主要是社会工作者的服务议题,仍侧重理解社会工作者对"案主"需求的满足情况和人文关怀性,而非社区工作中的政策执行和基层治理情形。无论是提供督导的高校教师,还是接受督导的实习生,他们的关注点主要集中在专业性的服务提供方面,尽管实习生所从事的工作还不能称之为真正的社会工作——而是属于社区工作的辅助,但现实制度情境的限制并未明显制约督导双方对社会工作服务性价值的探寻。联系到专业督导需求和实习督导之间的张力问题可知,实习督导中即使存在督导议题和工作实践融合不足、过于注重抽象化和理论化等,但这些也恰好是其注重服务性提供的重要表现,没有工作实践中来自社区行政工作的约束,实习督导中对服务性提供的追求反而能充分展现出来。

　　社区实习的那段时间,困扰我的最大的问题是"我如何体现出社会工作的'专业性'"?这也是我与我的实习督导老师探讨最多的问题。不夸张地说,我刚去社区时,主要工作是"画板报",就是更新社区的通知板。我就觉得我是学社会工作专业的,不是一直强调是专业服务吗?怎么"沦落"到画板报了?我就与我的实习老师讨论这个事情,让我印象很深的是,当时实习督导给我的建议是:"那可不可以把板报画的'专业'些?让板报体现出服务色彩。社区画板报的目的是什么?是不是希望有居民可以看?据你观察,来看板报的居民多吗?哪些居民常来看板报?如果当下真的没有其他任务分配给你,何不专注画好'板报',把'板报'应有的价值发挥出来？比如，通过你画的板报，吸引更多的居民关注社区的各项通知，或者根据通知内容，增添板报的趣味性、群体针对性，这是不是一种专业价值的发挥呢？"之后因为马上到六一儿童节了，我被安排去协助组织社区的"家庭日"活动，通知板的事由另一个比我来得晚的实习生顶上了，我也没太多机会去践行实习督导给我的建议。但那时的建议，确实对我之后的社会工作生涯有一定的影响，至少我觉得专业性不是别人给你的，而是你自己将专业性融入当下所做的事情中的。（W20-SZ201811）

第二节　专业化时期督导的制度情境与实践

一、社会工作职业化进程中的督导发展

（一）社会工作的推进

2006 年，中共中央召开十六届六中全会，做出了建设宏大社会工作人才队伍的战略部署，我国社会工作服务机构迎来了蓬勃发展时期，不同领域的服务机构如雨后春笋大量涌现。在此时，大多数服务机构处于起步阶段，面临着一线社会工作队伍组建、社会工作者服务能力提升、机构政策和规章制度的制定等多方面的挑战。其中，最紧迫的是机构如何生存下去的核心难题，这突出了社会工作必须凸显自身专业性的重要性和必要性，唯此才能在社会服务体系中真正体现出社会工作的独特价值。

社会工作机构作为典型的非营利组织，无法回避这样一个现实，即社会工作机构必须获取满足自身生存和发展的各种资源，建立起资源获取可持续性的维持机制，否则将难以生存下去——这是社会工作机构面临的最大挑战。社会工作机构又与慈善组织不同，慈善组织是通过募捐为有需要的人提供物质性支持，社会工作则是通过提供专业服务来发挥"助人自助"的

价值功能,这里的"专业性"是社会工作区别于传统志愿服务、慈善服务的重要特点之一。专业性助人服务就相当于社会工作机构的"主打商品",机构将之出售给服务购买方,购买方有时是社会工作者的直接服务对象,有时并非直接受益人。在英美等社会工作职业体系相对完善的国家,社会工作服务的购买方比较多元化,不限于政府部门、基金会、企业等团体性组织,个人也可以直接购买和使用社会工作服务。不过,我国社会工作作为新发展的专业和职业,面临着社会认可度低、地区发展不平衡、职业竞争力弱、专业能力不足等各种因素的限制,民间力量主动购买服务的情况十分有限。

为了推动社会工作的发展,2006年12月全国民政系统社会工作人才队伍建设推进会在广东省深圳市举行,确定深圳为社会工作制度试点城市,率先试行"政府购买,民间运作"的社会工作专业服务推进方式(汪建明、莫盈盈,2008)。需指出的是,政府购买主要分为项目购买和岗位购买两种形式。社会工作岗位购买是由体制外的民办社会工作机构在公开招投标中标后,派遣专业社会工作人员到体制内相关部门及其所属单位工作,运用其专业知识,给岗位所属部门的工作带来一些新的思路、视角和方法。社会工作项目购买包括两类:一类是单项社会工作服务,政府鼓励民办社会工作机构设计并申报社会工作服务项目,为特殊人群或者区域人群提供专业服务;另一类是综合服务项目,目前主要是社区服务中心综合服务项目(卢磊、何辉,2018)。

（二）专业督导的发展

随着社会工作专业化、职业化进程加速,督导成为社会工作领域不可或缺的核心构成部分,担负着社会工作服务绩效评估和促进技术手段完善的重要职责。无论是在学术领域,还是在职业领域,社会工作督导都得到了高度重视和广泛的推广运用。但是要充分注意的是,我国社会工作发展中面临着诸多新的挑战和机遇,突出体现在服务对象多元化、处理问题多样化、专业伦理考量等方面,这为社会工作督导也带来了非模式化、非定型化的实践路径渠道和发展空间。在近十多年的督导职业化时期,社会工作督导的发展采取了引入境外督导从而带动和培育内地督导人才的方式，并由前期的督导专业化和职业化并行阶段逐渐向督导职业化加速阶段转变，该时期社会工作督导具备的基本特征主要有以下几点。

1. 服务对象多元化

和非职业化时期的开展情况不同，新时期作为一种特定职业的社会工作拥有了市场化、系统化、社会化运作的自由空间，不再单纯地作为政府机构的附属，而是成为自我维持和自我发展的独立职业体系。尽管社会工作机构不以营利为宗旨，但要维持生存和正常运行，社会工作机构必须充分获取一定的社会资源，扩大自己的服务范围、增强服务能力和扩展服务对象，即社会工作服务对象愈发呈现出多元化趋势。服务对象多元化不可避免地带来社会工作服务策略、技术手段的不断创造和革新，为与之相适应，针对社会工作服务的督导行为也始终处于持续变动的流动性情境之中。也就是说，社会工作服务对象多元化带来的是督导情境扩大化和外延化，过去非专业督导主要局限于行政管理场域、社区工作场域中，现阶段专业督导行为则逐渐向灵活性、多样化的社会场域中转移。归纳来看，该阶段社会工作督导最鲜明的制度情境变迁特征是由国家主导运作机制向市场主导机制和社会主导机制转型，由此带来的督导情境亦被深刻打上了市场经济嵌入性、公共社群嵌入性的烙印，由国家、市场、社会三方力量相互交织、互动形塑的复杂情境是现阶段社会工作督导的实践场域。

2. 处理问题多样化

社会工作服务对象的多元化带来社会工作者所提供服务的多样性和不可预知性，这意味着社会工作者面临的问题是十分复杂的，新服务群体和新问题都有可能使社会工作者难以及时、有效地提供服务，相应的问题将随之转移给督导者。由于国内社会工作整体发展尚不完善，政府主持推动下的社会工作职业建设还未充分顺畅地向市场和社会顺利承接，这一宏观制度建构上的结构性问题对社会工作机构的组织运行及具体服务的开展具有根本性影响。从结构功能论的角度来说，几乎所有组织运作或个体行为层面的问题都属于宏观制度结构的具体现实表现,因而目前国内社会工作制度建设方面的改革进程对督导情境的形成和重塑发挥着持续性作用,处于国家、市场、社会三方领域相互嵌入、融合中的社会工作督导情境实际上是督导场域持续被反复建构和界定的结果。

3. 专业伦理考量

社会工作是具有专业伦理要求的,包括从宏观的国家和民族整体意义上的道德伦理要求到地区性风俗习惯或文化禁忌,再到具体社会工作机构内部和微观督导过程中的技术伦理规范等,都是社会工作提供服务过程中需要面对和重视的,并可能对服务开展情况产生制约作用。专业化进程中,社会工作倡导的服务理念和采用的服务方法总体是符合现阶段我国传统价值文化和主流道德意识,但需指出的是,作为西方"舶来品"的社会工作专业无疑是难以完全和中国传统伦理相契合的。特别是自古以来备受重视的人情关系和面子文化,很大程度上和社会工作专业实践之间存在一定张力,如何应对无处不在的人情关系网络的影响是社会工作者提供服务过程中亟须解决的难题。对应来说,所谓督导中的伦理考量,一方面是指督导者有义务和责任监管社会工作者在实务过程中是否遵循了专业伦理;另一方面是当社会工作者面临伦理困境时,督导者应该协助其在伦理困境中从技术、经验、实际处境等多方面判断和选择一个"最小伤害"或最佳处理方式。

比如,一线社会工作者经常遇到的伦理抉择是如何恰当地拒绝/接受服务对象的礼物,这需要在既不伤害服务对象感情又不违背专业伦理之间找到平衡点。

> 纠结的事经常遇到,像有时服务对象过来参加活动,熟悉了后给社会工作者买饮料、带些吃的表示感谢,还有过年的拜年红包,这些收还是不收?就为收不收这事,我记得曾经我们机构同工群里还争论了很久。如果严格地按西方传过来的专业伦理要求的话,我们选的是一定不要碰。但是一大堆人就是因为这个事争论很久,有坚决不要的一派,有的同工建议定一条界线,就是超过十

块钱的就不要。因为在人情社会当中，其实服务对象并不太喜欢这种严格的关系界限（专业关系和朋友关系），特别是我们是在社区中开展工作。这就有一个判断的过程在里面，你要怎么样在适度的范围内去把握这个界限。（S16-SZ201804）

再比如，在社区服务场域中，如果社会工作者在社区对接某一个案时发现案主可能具有精神障碍倾向，此前社会工作者被要求入户时若发现精神病患者或心理问题患者等需上报给居委会、街道办等。但是按照社会工作服务的保密原则，社会工作者遇到这类服务对象，尤其是病情轻微、没有伤害他人的案主时是可以遵循保密原则的。社会工作者在满足社区"了解居民信息"的要求和本职工作"首先保密，以免案主遭到污名化"的要求之间如何抉择，类似的专业伦理冲突和考量很显然是社会工作者本人难以妥善应对的，并且这样的伦理考量将随着社会工作服务对象的日益拓展而逐渐增多，给督导者提出了更高、更多的要求。

二、专业督导的制度情境嵌入影响因素

我国社会工作发展具有明显的制度差别化特征，从发展的时间差和空间区域来看，最显著的当属香港先发于内地、东部沿海发达地区先发于中西部内陆地区、城市地区先发于农村地区。当前社会工作所面临的新挑战，尤其是在对象多元化、处理问题多样化的局面下，社会工作服务更加注重个性化服务，相应的督导情境也愈发呈现出专业化和去固定模式化的趋势，同时督导者身份和背景也呈现出多元化现象。

20世纪80年代初兴起的新公共管理运动提倡促进非政府组织参与公共服务供给，开始重视非政府组织在公共事务管理中的角色。20世纪90年代末形成的公共治理理论则进一步凸显社会性组织在公共服务管理和公共服务供给上的功能意义。社会治理的成功实施离不开政府致力于释放社会组织的自主管理能量，因为社会组织发展和居民积极参与公共事务是治

理得以运转的物质基础(张铭、陆道平,2008)。加之市场经济环境的日益完善和发展,社会工作职业化中的市场化机制愈发成熟,因而社会工作督导嵌入的制度化环境主要包括政府、市场、社会三方,而三方力量的交织和互动共同营造了相关的督导政策实施环境。可以说,21世纪初专业社会工作的发展及专业督导的出现源于政府职能改革的持续推进、市场化进程的加速与蓬勃兴起的社会服务需求,尤其是为主流化社会工作提供路径的政府购买服务方式,既是政府向市场、社会转移部分服务职能的必然途径,又是社会服务市场化运作的客观趋势,也是社会服务需求得以实现的基层创新实践。需再次强调的是,因我国经济社会水平的整体非均衡性,不同地区的社会工作职业化进程差异极大,为便于分析和突出主题,本书主要以综合了社会工作发展各阶段性特点的珠三角地区,特别是最能代表、体现现阶段我国社会工作发展较高水平的深圳市社会工作和督导现状为案例进行分析。不可否认,当深圳等地的社会工作发展体系逐步健全时,国内其他地区的社会工作也许尚处于职业化起步阶段,甚至还停留在社区工作展开运作阶段,当然,此类客观上的地域发展差异不影响以典型的高水平地区进行分析的科学性和合理性。归纳言之,专业督导的宏观性制度情境嵌入影响因素主要包括政府职能、市场改革、社会需求三个方面。

(一)政府职能转型

深圳市是中国改革开放以来的第一个经济特区,是中国改革开放的窗口,已发展成为有一定影响力的国际化大都市。可以说,深圳作为中国改革开放的试验场,其政府职能转型实践是我国政府职能转型发展的缩影之一,所面临的问题和预期前景也是观察当前和未来政府职能发展的重要窗口。政府职能转型的重要标志之一是将部分职能转向社会和市场,大力培育、发展非政府组织机构来承接原属于政府的职能,而作为典型的非营利性、非政府性组织的社会工作机构也随着政府职能的快速转型持续发展壮大。很大程度上,社会工作是成长于政府职能转型推动的社会制度环境转变过程中的,政府职能转型为社会工作督导的形成创造了客观基础,赋予了其生存空间和组织目标。简要说,对社会组织的"去管制化",既为专业社会工作释放了良性生长的土壤,也为营造自身"服务型政府"形象,创建"大社会、小政府"的治理格局起到重要的助推作用。

(二)市场化进程加速

珠三角作为内地最早开启市场化改革的区域,社会工作督导的萌芽和发展离不开市场化进程的推动。客观地说,政府职能转型为社会工作督导提供了生存空间,而市场化改革及其进程的加速则为督导的持续发展创造了条件,使其拥有了能维持自身持续发展的内生动力。市场化的深入推进,使社会工作发展主体朝向多元化,引入社会力量和个人力量具备了可能性,在社会工作发展过程中市场法则、市场机制是实现社会工作社会化的前提。在这种局面下,购买社会工作督导成为珠三角地区政府的常态做法。例如,2007 年深圳市购买了 31 名香港督导服务业务,其中全职 1 人、半职 30 人,至 2009 年 8 月又增加到 48 名(吴水丽,2010;香港社会服务发展中心,2011),考虑到深圳社会工作机构发展不成熟,督导服务购买由深圳市社会工作者协会负责集中购买,再统一指派到一线。这里面,体现为业务"购买"的市场机制在社会工作督导发展中扮演着重要作用,为社会工作产业的形成与壮大提供了政策、资金、人力等方面的支撑。

(三)社会需求扩大

社会需求的快速扩大是社会工作得以发展的根本动力,也是专业督导成为社会工作不可或缺的组成部分的基础。随着国内经济社会结构的快速转型,社会群体差异和阶层分化趋势的日益凸显,涌现出了大量弱势群体(包括总体经济社会地位层面的弱势与具体某一社会获得层面的弱势)及社会服务需求,加之部分政府职能的主动外移和市场机制的成熟,共同促使社会工作机构作为重要非政府性机构的迅速成长。然而,由于受众群体的复杂性和新问题的不断出现,社会工作者所需解决的个案问题实际上层出不穷,他们的应对策略和具体技术都需专业督导者进行及时跟进和评估,所以社会需求的扩大最终带来社会工作督导需求的扩大效应,同时也为社会工作督导行动嵌入宏观社会制度结构奠定了基础。

三、专业督导的制度情境嵌入实践与问题

(一)"政府—市场—社会"形塑的制度情境及嵌入

在我国社会工作实践场域中,社会工作专业化和职业化过程是"漂浮"在宏观社会历史文化进程中的一部分。这启发笔者在对社会工作督导者的工作特征展开分析时,充分运用"社会学的想象力"研究范式,即不只详细考察"督导者——督导对象"直接互动的微观督导过程,更要重点考虑社会、经济、文化等宏观制度因素的形塑作用,将社会工作督导实践视作为制度结构变迁决定下的微观行动——直观上体现为社会工作督导属于嵌入某一地域乃至更大范围内的社会文化网络中的具体形式及实践,受到不同制度因素的影响和形塑。

对比起来,我国与西方社会工作专业督导的发展路径明显不同。特别是在外聘督导发展路径上,西方路径是组织内督导存在的弊端推动了督导的私人实践,而我国社会工作督导实践是先依靠外聘督导者的督导供给,再逐渐转移到组织内的督导供给。由于我国社会工作的重建与发展首先得益于政府的重视和推动,因此从一开始它就打上了政府强力推进的深刻印记(文军,2009)。专业社会工作发展特征经常被概括为"政府主导,教育先行",从社会工作督导的发展条件来说,政府推动、地区支持、职业困境、薪资激励是最主要的刺激条件。虽然以上条件缺少任何一项都可能无法促成本土社会工作专业督导的诞生,但政府推动无疑是最直接的影响因素,所发挥的作用也最为至关重要。来自地方政府的制度支持促成了社会工作机构稳定的督导供给,总体来说政府主导的督导发展模式主要表现在政策推动和政府资金支持两方面。以深圳社会工作督导发展为例,具体包括从专业化和职业化发展初期聘请外部督导引路、出台社会工作督导行业指引政策、为督导者提供薪酬补贴等方面。可见,国内不论是社会工作专业自身的发展趋势,还是社会工作督导专门化的发展脉络,都带有极鲜明的"政府主导"特

征,社会工作及其督导在发展中等同是处于由政府部门所精心编织的结构性网络中。在这张充满黏性的网络中,市场机制、社会机能够进入和发挥自己的功能并与政府角色、社会工作从业者产生互动,却又无时无刻不备受政府力量的规制和约束,所具有的主体性相对较弱。嵌入于这样一种政府、市场、社会三方交织构成的情境中的督导行为,一定程度上被认为是三方互动结果在社会工作组织和督导者等微观行动者身上的最终体现,具体行动者是制度结构变迁中的"神经末梢",最终反映出政府主导、市场运作和社会需求三方面力量博弈、交织形成的结构性格局。

然而,制度情境赋予了社会工作督导发展的可能性,却也对后者产生了一系列限制,为专业督导的长期发展产生了不利影响,尤其表现在督导培育先天不足、对政府资源过分依赖、社会工作者话语权过弱等方面,导致社会工作督导专业性不足和自身定位不明的后果。

(二)制度情境嵌入中的督导问题

1. 督导培育不足

受限于过去非专业督导时期和强行政督导时期工作特征的影响,当前专业化时期仍保留着较强的行政主导性——当前与过去相一致的是,社会工作督导仍要依赖于政府的资源供给——尽管社会工作及督导已由政府部门直接实施转变为由非政府部门的专业社会工作机构实施。由于变革过快,给予社会工作督导培育和成长的时间远远不够,事实上,短期内社会需求的急剧扩大也无法等待本土督导者的自然成长,唯有通过快速引入外聘督导以"传帮带"的途径促进本土督导的发展。

深圳作为内地社会工作职业化发展的先驱城市,自发展之初即在政府支持下引进香港社会工作督导参与到机构的发展规划、培养专业社会工作者和实务技术指导等工作中。随着深圳社会工作的启动、社会工作试点阶段的不断推进和建立督导制度的需要,2008 年 3 月香港社会服务发展研究中心与深圳市民政局、深圳市社会工作者协会合作启动了"深社计划",2010年将之更名为"深圳计划"。实施"深圳计划"的主要目的是通过引入香港督导者,协助培养内地社会工作督导人才。2008 年 3 月至 2010 年 5 月底,"深圳计划"中引入的香港督导者范围涉及香港十多家社会福利机构,共计 55 名(吴水丽,2010)。"深圳计划"的具体工作包括四个方面:一是对刚走上岗位的"准社会工作者"进行督导,确保试点阶段的服务质量;二是通过香港督导者传帮带,为深圳市培养符合资格的专业社会工作者;三是在香港督导者的指导下,形成一批深圳本土社会工作"案例",供各有关单位参考;四是引入香港督导者,帮助把握专业发展方向,构建科学的社会工作制度(徐新象,2015)。

客观地说,引进香港督导计划切实地发挥出了效用,使深圳的社会工作普及度迅速提升。但是,尽管短期内引进香港督导以弥补本土培育不足的目的一定程度上得以实现,但要根本上解决地域特色明显、周期长、见效慢的督导培育问题,香港督导模式是否适用于经济社会文化环境差异颇大的内地仍有待深入检验。

2. 对政府资源过度依赖

对政府资源的过度依赖表现为项目购买渠道单一,理论上的多元化购买方在现实中鲜少出现,政府部门几乎成为唯一的社会工作项目购买方,而来自社会组织、个体的购买方则极为少见。这意味着,即使社会工作很大程度上已在组织隶属上从政府部门体系中脱离了出来,由于社会工作市场发育相对滞后,社会工作机构的生存和顺利运转仍高度依赖来自政府部门的资源供给,从而不得不降低自身的独立性和专业性——社会工作服务实践被置入地方政府的治理政策体系之中并服从政府部门的治理目标。在构建中国特色的社会工作服务体系过程中,由政府自上而下推动的强制性改革发挥了核心作用。"中央和地方以社会工作专业岗位开发、专业机构培育、行业组织建设为切入点,探索建立社会工作职业体系,初步形成了行政部门为主导、行业组织和服务机构协同发展的'一体两翼'工作格局。"[1]这意味着,除了核心性的项目购买,在专业岗位开发到行业组织建设等一系列社会

---

[1]　《构筑具有中国特色的社会工作服务体系——我国社会工作发展综述》,新华网,http://www.xinhuanet.com//politics/2017-03/22/c_1120674919.htm.

工作职业体系建设过程中,政府都发挥了主导性作用,几乎承担了包括资金提供、政策体系建设、岗位培训在内的整体性支持系统建设,为现阶段社会工作发展烙上了深刻的强行政烙印。

哈耶克(1973)将社会秩序划分为人造秩序与自发秩序:"人造秩序是由某个人及组织按照特定的规则把相关要素放在一个确定位置并指挥其活动形成的秩序;自发秩序则是由许多并未明确意识到其所作所为会有如此结果的人的各自行动而自发形成的。"相对应地,当前我国社会工作的发展形态更多的是属于一种"人造秩序",即政府力量推动下的职业体系构建模式。具体到督导层面的反应是社会工作机构和督导者主要针对具体场域内的服务技术提供专业督导,而在弱势群体的增权方面建树相对有限,即国家力量主导下带有一定偏好性和选择性的督导渠道。在对政府资源高度依赖的制度环境中,构建维护弱势群体的结构性权益,通过制度化手段调节社会不公的道义责任和实际权力主要集中于政府部门手中,原本作为社会工作两大追求目标之一的社会增权展现不足,当社会工作者及其机构将日常工作集中在具体的服务技术层面时,针对社会工作者工作问题进行弥补、完善的督导工作得以展开的空间和机遇无疑受到客观限制。

3. 转型期问题复杂多样

作为国内新形势下应对社会问题的新型治理手段和方式,社会工作者和督导者所面对的转型期的问题复杂多样且层出不穷,新的问题、新的诉求、新的受众不断涌现,极大地考验着社会工作从业者的业务能力和危机应对水平,特别是对督导者这一"社工的社工"群体而言,他们无疑承担着解决问题的责任。鉴于我国剧烈的经济社会变迁,社会工作者面临的新问题可能超出其自身能力解决范围,当诉诸社会工作机构和督导者时,督导者要针对性地提出有效的解决建议,还需大力提升自身的专业技术能力和社会文化素养。

以深圳市为例,督导工作的兴起和香港督导的"传帮带"密切相关,最早来深圳从事一线社会工作和逐渐成为行业中坚力量的社会工作者最先接触香港督导,此时香港督导者扮演着传输香港督导经验、培育深圳督导的角色。如2010年来深圳的社会工作者S8提及,当时与其说香港督导者给予了他们技术上的指导,不如说更是增加了他们在此行业坚持下去的信心,与社区打交道时,香港督导的"光环效应"促成了很多项目的顺利进行。当然,亟须看到的是,内地社会工作者和督导者面对的问题不同于香港同行,内地的经济文化环境所催生的受众对象和问题类型仍需相同场域内成长、生活的社会工作者作出积极行动,而经济社会的急剧变迁无疑加大了社会工作者提供服务的困难程度。深圳市作为典型的外来流动人口众多、注重服务体验的现代化城市,社会工作领域新议题、新实践不断增多,如外来农民工及子女社会工作、妇女和儿童社会工作、医疗社会工作、老年临终关怀、社区培育、企业员工支持、心理创伤应激辅导等,这些发端于西方专业社会工作不同领域的议题在我国实践土壤中再发酵,促进社会工作督导不断创新、进步的同时,也不断对督导工作提出了新的要求。加之督导者往往在机构内部兼任行政领导工作,很可能导致专业技术督导问题与行政解决手段之间的张力和弊端问题。归纳地说,现阶段政府职能转变、社会发展和市场经济的相互交织与博弈为社会工作提供了发展动力的同时,也不断为社会工作督导带来新的难题,这将成为当前和未来长时期社会工作发展中的常态现象。

第三节　机遇与制约:社会工作督导的形成与发展

本部分通过对我国社会工作发展脉络的梳理,展示了在社会工作发展不同阶段的督导的发展状况和特征,以及现阶段督导实践中存在的主要问题。概括而言,在计划经济时期,大多数从事"社会工作"的人员是社区居委会、街道办工作人员或企事业单位职员兼职,这一时期的"社会工作"是一种非专业的、行政性的社会工作,此时还未发展出专业化督导——如果有督导的话,也基本属于纯粹的上下级工作监督和指导。20世纪80年代的我国政治体制改革推动了社会工作的发展，专业社会工作开始在中国逐步进入萌芽阶段。由于该阶段教育先行的特征，此时督导主要是以针对高校社会工作专业学生的实习督导为主，由专业教师指导社会工作学生的实务技术，督导发挥的更多是教育指导功能。到社会工作专业化和职业化并行发展阶段，起源于西方国家的社会工作专业理论和技术如何适用于我国社会工作服务场域成为迫切需要解决的议题，对提升一线社会工作者实务技术的需求愈发强烈，香港督导者成为社会工作机构聘用的督导主力军。不过，缘于专业发展的时间差和地域差，以及政府推动的力度不同等因素，香港督导者只在少数城市（如深圳、广州等一线城市）提供支持。到社会工作职业化和专业化加速发展阶段，由一线社会工作者发展而来的督导者开始活跃在督导工作的前台并逐渐占据主导地位，而最初协助培育新手督导者的境外社会工作者则逐渐退出一线督导行列。

鉴于当前政府职能转型、市场进程加速、社会需求扩大三大结构性力量的相互交织和磨合，塑造出现阶段督导实践嵌入的多元化现实情境，在为专业督导提供发展机遇和运作环境的同时，也带来了一系列制约因素，主要体现于督导培育不足、对政府资源依赖过强、转型期问题复杂多样等方面。从督导发展的特殊历程来看，作为社会工作的重要组成部分，督导的形成与壮大离不开政府的政策资金支持、职业体系构建、专业队伍培训等诸多方面的大力支持，但同时也形成包括督导在内的社会工作运行中对政府资源过度依赖、话语权和独立性弱的倾向，这是当前我国社会工作专业化发展初期的显著特点和必由之路。可以预测的是，伴随着"小政府—大社会"整体治理格局的成熟和社会工作职业自主性、实践独立性的增强，市场经济将愈发在社会工作中发挥出更关键的作用。总体来说，从新中国成立前至现阶段，持续推进的经济政治体制改革形塑了样态迥异的督导表达情形，不断弱化督导自身的政治依附性色彩，其独立性、专业性和社会性不断增强，尽管还未达到一种学界期许的理想状态，但不可否认督导的发展朝向仍延续着一贯的良性趋势。作为嵌入中国特色社会制度情境中的督导实践，具体督导行为无时无刻不受到宏观结构性因素直接或间接地影响或制约，如同其他的中观组织或微观个体性行为,很大程度上属于中国制度情境决定下的行为表象之一,只有在厘清这一宏大叙事的基础上,才能进一步剖析中观情境和微观情境下的督导实践及其机理。

第三章 督导身份、实践路径与胜任维度

当前我国社会工作督导者的主要雇佣组织——社会工作机构——是时代变迁和政府职能转型过程中的具象体现。一个社会工作机构的服务范围、人员构成、业务内容等往往受到地方政府、地方高校、行业协会等多方组织互动的共同形塑。对此，考察社会工作督导的组织情境，不仅要考察雇佣督导者的组织特征，还要考察督导者在组织中的身份"何样"、在工作中"何为"以及"为何"。

在本章，笔者主要讨论"督导身份"的获取途径以及不同类型的获取途径是如何对督导者胜任力产生影响的。在英美等社会工作职业制度健全的国家和地区，督导资质是从事社会工作督导的必要条件——督导资质由行业协会进行评估、认证和授予，专业协会在审核从业者的执业能力方面具有自主权和话语权，只有获得了行业协会认定的督导资格，才具有督导身份。反观国内社会工作督导的发展可以发现，"督导身份"的获得途径有多种渠道。长时期社会工作教育先行的发展特点使高校教师——专业知识的传播者和传授者——成为最容易且最早获得"督导身份"的群体；境外地区因专业先发优势，其社会工作者和督导者来到内地后，亦是以"督导身份"参与内地的社会工作的发展建设。如果说以上两类督导身份的获得是凭其专业技术优势，近几年地方民政部门和社会工作行业协会推动督导者的督导身份获得则更贴近于制度认可的督导身份。

当然，这种划分方式类似韦伯(1949)意义上的"理想类型"。"一种理想

类型是通过单向（one-sided）突出事物的一点或几点,通过对大量弥散的、孤立的、时隐时现的具体的个别现象的综合形成的⋯⋯",纵使理想类型有助于理解、概括和推论理论或模式,但发生于现实生活中的社会现象只能与之近似,不会同其完全一致(周晓虹,2002)。在本章呈现的案例中,我们会看到个别现象的综合指向了制度合法性和组织自主认可的督导身份两种理想类型,但当我们试图揭开或廓清这几种理想类型背后的情境因素时,我们会发现这可能涵盖了不同类型组织的合作、组织情境与制度情境的交织以及组织情境与个体选择的互动。

第一节　制度合法性的督导身份与组织实践路径

一、制度合法性督导身份的获取与实践

岗前培训或督导技能培训是督导者获得"督导能力"进而成为一名督导者的主要渠道。近几年,越来越多的地方政府部门与社会工作协会合作,共同推进社会工作督导者的培训和督导资格认证工作。这种合作运作的机制一般是由地方民政部门号召,社会工作协会负责统筹、招募和培训,培训师资主要由地方高校社会工作专业的教师和境外地区社会工作专业的教师构成。地方政府部门和社会工作行业协会在推动社会工作督导发展方面起到了基础作用,但不同地区间又形成了差别化的督导者人才培训方式和认证路径。如广州、厦门两市采取的是先培训后认证的方式,针对符合条件的、有意向成为督导者的社会工作者进行集中培训并对培训成果进行考核,通过者获得督导资格;深圳市采取的则是"申请—考核—资格认证—定期培训"的流程。

深圳市作为最早出台有关督导者评选、考核、认定和监管规定的地区之一,具有十分明确的制度来认可的督导身份。2011年,深圳市政府部门在

《深圳市社会工作督导选拔考核管理办法（试行）》文件中将深圳社会工作督导人才的具体培养目标理解为：为深圳社会工作机构培育一批"社会工作人才队伍中的高级管理人员与社会工作服务人员"。这类人才培养的途径是"从社会工作机构一线队伍中选拔、分级设置、形成竞争机制"。2013年深圳市社会工作者协会（以下简称为"深圳市社协"）发布了《深圳市社会工作者督导助理选拔指引》和《深圳市社会工作者初级督导选拔考核管理办法》，分别对督导助理和初级督导的选拔标准进行了规定，2015年发布的《深圳市社会工作督导管理办法》明确将深圳市社会工作督导设置为督导助理、初级督导、中级督导、高级督导四个层级，并强调建设深圳市民政局、市社会工作协会、督导用人单位三级管理体系。

在督导培育方面，督导者必须参加深圳市社协统筹的总结会议、督导必修课。督导必修课的内容包括督导岗位职责说明，督导必备知识、技能、态度等方面。2016年发布的《深圳市社会工作者中级督导选拔办法（试行）》中对中级督导的选拔标准进行了规定。在岗位配备数量方面，根据规定各机构7位在岗社会工作者配备1名督导助理、21位在岗社会工作者配备1名初级督导、63位在岗社会工作者原则上配备1名中级督导。初级督导对督导助理具有培养义务、中级督导对初级督导及督导助理具有培养义务。不论是在岗位配备数量还是职能范围上，层级取向的督导设置是一种直线式的层级划分。

访谈对象S19于2017年获得初级督导资格认证，她详细地回忆了自己从提交申请到考核的经历，大致要经历"报名申请—材料初审（筛选）—笔试—面试"这样一个流程。

> 要做四年以上的一线社工才可以去考初级督导，满足条件后就可以申请。深圳市社协会发一个选拔督导的通知，满足条件的都可以去报名，社协会对报名人员的资格进行审核。通过审核之后会有一个名单，通知名单上的人员参加笔试。笔试是两个小时左右的闭卷考试，笔试之后再进行一个面试。面试之后提交一份自己的服务

案例,个案或者小组案例都可以。通过笔试、面试和案例这三项的综合成绩决定你会不会成为一名初级督导。(S19-SZ201812)

笔试内容的话包括初级督导的一些基本要求,不过更多的是实务部分的分析,比如说对于某个案例怎么看,对于一些疑难处境你怎么处理,以及以后做初级督导的话,对于社会工作者的培养有什么看法,还有对现在的社会工作行业发展形势有什么见解等。面试的话就会根据个人的情况进行针对性的提问,因为每个人可能从事的领域也不一样,工作年限、资历都不一样。之后会从题库中随机抽取一个问题,在短时间内就这个问题进行回答,同时会再问一些目前进行的实务方面的工作情况,比如在这么多年社会工作服务的过程中,有哪些案例自己印象比较深刻,或者有启发性的实务经验分享。(S19-SZ201812)

在深圳市民政局和当地社会工作协会共同推动下,不仅弥补了督导这一现代社会工作专业构成元素的空缺,而且在组织内认可的层面上,还增加了督导者身份获得的制度合法性,同时,这种制度合法性直接影响到了组织内部,推动了组织内部岗位分层的实现。督导作为专业实践的一部分,在赋予其合法性身份后,如何落实到工作场域中践行其职责、促进专业实践的良性运作是最为现实的考量。在一项前期调研中发现,督导者很难仅通过保持与社会工作者的个体互动有效地指导社会工作服务项目的落实和具体实务工作的开展,而是要穿梭于督导对象承担的服务项目涉及的不同组织情境中以保证项目的顺利运行(童敏、史天琪,2017)。那么,制度合法化的督导身份是如何转化为不同组织内部得以关联的督导实践的?

(一)经济支持:职业发展困境与督导的分级设置

督导者的分层设置并不算是百分百的"本土特色",如美国临床社会工作委员会的一份立场声明中提及对"中级督导者"(intermediate-level supervisor)和"高级督导者"(advanced supervisor)的要求(ABECSW,2004),但仅对其知识技能、专业能力和责任作出了规范,即这只是同一专业人员的不同经验层次和专业技术水平的分层，而未涉及不同的职责权限，也未涉及政府为职业组织内部需求买单的情况。深圳市是少数"政府为社会工作督导买单"的地区之一。深圳市政府部门充分意识到社会工作督导者的缺乏对社会工作机构发展和社会工作专业发展造成的阻碍，而督导的分级设置则更像是政府部门和行业协会联合发出的对社会工作职业发展困境——人才流失率高、职业晋升空间狭窄——的主动应对。

中级督导者 S7 是笔者在深圳访谈的第一位督导者。2008 年，S7 本科毕业后，应聘成为深圳春雨（化名）社会工作机构的一名一线社会工作者，主要服务人群为老年人和残疾人，于 2016 年获得深圳市社会工作协会认证的中级督导者资格，也是深圳市首批社会工作中级督导者之一。

> 在深圳，获得督导身份代表着你在专业技能、职业等级和薪资等级上的"攀升"。毕竟，从督导助理、初级督导再到中级督导一路走来的这些人，基本就是最早来深圳做社工的那批人。（S7-SZ201804）

2014 年，《深圳市社会工作者行业年度数据报告》显示深圳社会工作者流失率高达 22.2%，超出行业 20% 的警戒线，尤其是流失的多为从业数年的骨干，其中很多人都不再选择社会工作行业。虽然社会工作者流失的原因具有多样性，但较低的薪资水平是主要影响因素。《南方都市报》刊登的一篇文章曾指出，2007—2015 年深圳市政府购买社会工作岗位薪酬总共增加 1.5 万元，平均每年不足 2000 元，扣除应缴纳税款，实际到手的薪资少之又少。为缓解社会工作行业的高流失率，深圳市民政局联合市人社局、市财委制定发布了《深圳市社会工作专业化职业化实施办法》《政府购买社会工作服务实施办法》，通过定期公布社会工作者的薪酬指导价、社会工作职业水平评价等方式破解深圳社会工作职业通道以及工资待遇的瓶颈。2016年，深圳开始将社会工作岗位购买标准提高到每年 9.3 万元/人。但从行业整体来看，深圳市社会工作者收入仍低于该市的平均薪资水平。2016 年 8 月，深圳评定 24 名中级社会工作者督导，每月发放补贴，用以促进社会工作者的个人成长,并给予其行业晋升空间和能力培育。

虽然并非所有的社会工作者都面临着薪资低廉的困境,但"低薪多劳"一直是社会工作行业普遍存在的不足。"成为督导者"是当下解决社会工作者矛盾性窘迫——既想继续留在社会工作行业发挥专业价值,又面临薪资低廉导致的经济压力——的主要渠道。访谈对象 W14 于 2013 年入职深圳市新源(化名)社会工作机构,随后被机构派驻到一家社区服务中心做项目社工,2015 年从原社会工作机构离职,2016 年考入事业单位。她对于由薪资和晋升空间狭窄导致的社会工作者离职现象深有感触。

> 2013 年来到这个社区服务中心的时候,我们中心一共有 6 个人,5 名社会工作者,1 名中心主任。现在除了我还算在社会工作领域,还有我们以前的主任还在这个领域,因为他现在晋升到机构的管理层了,是副总干事,其他几个人都换了工作。他们(离开社会工作行业的同工)跟我说,如果你到四五年或者五六年的时候,还看不到晋升空间,或者你对唯一的那条晋升途径不感兴趣的话,就觉得继续待在这个行业也没什么意思。他们有的人很喜欢只做一线服务,并不想去当机构管理层的领导。可是他们一直做一线社会工作的话,工资也没有办法(提升太多)。如果想提升工资就要往管理层走,或者是去考督导资格。但基本做了督导,也很难只专注于实务,几乎都要做管理。这可能是现在的大环境没有办法去满足资深社会工作者在一线一直成长的这种需求,想起来也蛮可惜的。(W14-SZ201901)

在提到当下深圳市推行的督导分级设置时,一名督导者将这种设置形式比喻为"被动拔高",这种个人体验并非个例。将督导身份的获得和薪酬提升挂钩,使"督导身份"具有经济吸引力,而雇佣机构只需承担少部分督导薪资补贴的责任,这使得雇佣机构愿意主动接纳制度规范的分级设置。

> 其实,我个人感觉,中级督导的设置是不得已而为之。考中级督导的那拨初级督导,最长的有七年的督导经验了,七年的督导经

验若不给晋升,这拨人就全跑掉了。分级设置其实会有点科层制的感觉,可能就是为了给当前的社会工作机构一个晋升空间,然后防止人才流失嘛,其实说白了,我觉得可能是一种拴住人才的策略。(S7-SZ201804)

相对的,在事业单位属性的社会服务机构从业的社会工作者,即使在组织内实际从事督导工作,也并不具备申请制度合法性的督导身份的条件。访谈对象 S10 就职于深圳市 SN 慢病院,主要工作内容是精神康复患者的访视,事业编制。据 S10 所述,慢病院的编制内社会工作者无法申请市社协认定的督导资格。

根据官方规定我们好像是不能申请社协(社会工作者协会)认定的督导资格的。我同事之前考过两次,笔试过了,但一直没有通知面试。因为督导资格申请主要针对的是社会组织,给他们的一线社会工作者一个职业发展方向,还有可能是督导对象人数方面我们也达不到要求。因为督导资格的申请是有人数配比条件的,也就是说作为督导者的话,你下面至少要有 21 名需要被督导的一线社会工作者。因为督导资格的申请很多都是通过机构推荐的,一般机构就会尽量去安排这个(人数配比),要不然的话(督导)补贴你就拿不到。因为我们下面没有负责那么多社会工作者,申请标准没有达到。(S10-SZ201901)

(二)业务捆绑:制度规范与职责分配

虽然通过经济捆绑的策略,制度合法性的督导身份得到了在雇佣机构中践行职责的理由和空间,但将督导实践贯穿到派驻机构中,则是通过业务捆绑来实现的。

根据相关制度规定,初级督导和中级督导的工作内容都涉及督导者个人实务工作(一线服务)、机构行政管理工作和行业政策建议,中级督导在此基础上增加了一项行业发展研究。工作业务与雇佣组织、派驻机构和行业协会形成了密不可分的关系。督导者的工作内容与组织情境关系如图3-1所示(圆形表示工作内容直接关联的组织机构,方形为督导的工作内容构成)。除去工作内容的规定外,为了便于每年度的督导审查,这些业务都有最低工作指标数。例如,在督导业务方面,初级督导者的具体业务指标包括:每月为一线社会工作者提供至少1次的面对面个人督导,且每次督导时间不少于2小时;每月必须为一线社会工作者及督导助理提供至少1次的团体/小组督导,每次督导时间不少于2小时;每年度必须为督导团队员工提供至少3次的培训,每次培训时间不少于2小时。初级督导者的一线服务工作(实务工作)包含个案工作服务、小组工作服务、社区发展服务、政策倡导服务等。具体业务指标为:每年度至少独立完成3个疑难个案;每年度至少独立完成1个辅导或治疗性小组,小组节数不少于5次;每年度至少组织或参与完成1个社区活动。

制度规范将督导者的工作内容与督导主体所嵌入的组织情境相关联,并且年度审查制和经费支持策略促使督导者的工作业务可以落实到不同组

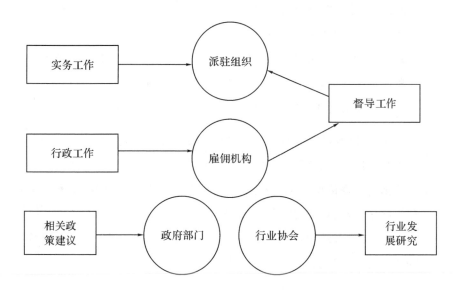

图3-1　督导者的工作内容与组织情境关系

织情境中开展。在实际工作情境中,督导者往往只是从事督导的人所具有的职业角色之一。访谈对象 S9 是一名初级督导者,他的工作构成主要由项目派驻点的实务工作、督导一线社会工作者、机构行政工作及派驻点的行政工作几部分构成。

> 督导者不能脱离实务工作,督导者首先必须是一名合格的社会工作者。深圳的督导制度也是这么规定的。你必须完成一定的实务工作量,在督导资格年审时会审查这部分。而且在社会工作机构(雇佣组织)中,也很少有督导者只从事督导这一项业务,多数督导者在机构中都属于管理层,中级督导几乎全部是自己机构的管理者。(S9-SZ201804)

中级督导者 S7 提到在深圳社会工作机构行业环境中,中级督导者的职业发展方向可以分为"创业型"和"研发型"两类。

> 其实怎么说呢,现在这里有两拨人:一拨中级督导者的发展规划朝向"创业型",就是在机构做了一段时间后想自己创业;另外一拨督导就朝向"研发型",也不属于(学术)研究型,就是萃取(实务)经验,出一些实务书籍,把自己的经验传递出去。有了督导资质以后想跳出来,是因为"督导资质"代表着一种行业认同或行业地位,证明你的专业技术、能力达到了一定的水平。(S7-SZ201804)

S7 将自己归为创业型的,因为他想尝试跳出靠政府资助购买的项目制社会工作服务这条"老路"。督导资质是他创业的助力剂,也是他下定决心离职的催化剂。理论层面上,督导是对一线社会工作者的督导,但实际上几乎所有的督导者都属于管理层,这就导致督导者的督导对象不仅仅是一线社会工作者,督导者的专业能力也逐渐向管理能力偏移。S7 成为中级督导后,发现中级督导就相当于"全能型"选手。

> 中级督导的一个要求就是"能上能下"。就是说,机构中有中级督导的岗位,你能做中级督导;要是没有中级督导的岗位,你就

要"下来"做初级督导；如果初级督导的岗位也没有了，那你也可以做督导助理或者项目主管。换句话说，中级督导就是机构中的全能角色，不论是做督导，还是做没有任何行政职务的社会工作者，除了财务以外，你要有一人能挑战机构所有（岗位）的能力。所以听起来可能会有点"坑"，职责模糊的弊端就是会压缩做专业（督导）的那部分精力。（S7-SZ201804）

专业能力分级体系和组织管理科层制的设立依据是多数情况下具有不同学业层次、工作经验的督导者与其胜任能力成正比。这类设置是从督导者能力和组织管理架构的角度出发的。虽然督导的分级设置在一定程度上解决了部分社会工作者的发展性困难，但没有解决专业人才的多元化发展问题。在这种情境下，机构中身兼多职的督导者们也面临着自身的困惑和压力，其中之一就是行政职责和专业职责分界模糊，不同层级督导者的职责缺乏界限，这导致督导不得不做机构中的"全能型"选手。从督导者S7的讲述中我们可以体会到，政府和行业协会赋予的督导资质代表着专业技术的不同水平及其在行业中对应的职责和薪资待遇标准，但在组织情境中，"督导"被混进督导者本人原有的多重角色和职责中，不同业务间的边界模糊或重叠间接催化了督导者朝向管理型的全能型人才发展。相应地，管理能力成为这类督导者们胜任力的主要指标。

像我们这些获得协会认定督导资质的社会工作者，我不说全部吧，但起码一半以上都是机构中的管理者。从督导助理逐渐成为督导者的过程，其实是从一线实务工作者逐步迈向管理层的过程。很多时候，虽然自己还想做纯粹的实务工作，但是现实会把你从实务工作慢慢推向管理方向。尤其在当下这种社会工作发展氛围之下，你的上层领导甚至政府的期待在这里，像文件中对督导的定位是什么？是高级管理人才。所以说管理能力，不论是管理团队的能力、还是管理资源抑或管理什么，总之，管理能力是主要的。（S13-GZ201804）

由此可见，将有经验的社会工作者发展为一名督导者不仅是个人职业成长和专业技术提升的自主选择，还涉及了缓解经济压力、推动行业发展、满足组织期待等多维度的考量。以上讨论在于说明经济支持和业务捆绑的策略使得制度合法性的督导身份得以在组织情境中获得实践空间，但并不意味着经济支持和业务捆绑必然可以促成制度合法性的督导身份在组织内会得到认可。后文提到的案例也涉及经济支持和业务捆绑，但并未促成机构内部督导者去实践，反而导致制度合法性的督导者在组织中的身份"悬置"现象。

二、制度合法性的本土督导在组织中的"悬置"

2015 年，福建省社会工作初级督导培育工作揭开序幕。在福建省民政厅的号召与组织下，福建省 15 家社会服务机构中 35 名具有三年以上实务经验的一线社会工作者被推选参与督导培训。与深圳市不同，福建省首批督导培育工作并未由社会工作协会直接承办，而是以招标的方式，最终委托中标方厦门市新阳（化名）社会工作服务中心承办。另一个直接的差异是当时福建省社会工作督导的设置并未采取分级认证，参加督导培训且获得结业合格证明即承认具备督导资质。

福建省督导培育项目的实施、招募、培育计划的设计依旧贴合"政府主导、教育先行"的运作逻辑，专业化知识与实务经验的结合、课程培训与实务陪伴的培育形式一度成为培育督导能力的参考示范。在福建省首届督导培育班结业次年，厦门市就参照福建省的督导培训形式，在厦门市民政局的支持下筹备，开展了厦门市社会工作机构督导培育工作。然而三年后，大多数社会工作机构依旧依靠外聘的高校教师督导者指导项目和培训实务技巧。到 2019 年，福建省社会工作督导未能实现建制化和岗位化，参与督导培育项目的学员回到本机构是否成为一名督导者完全由机构自主选择。可见，地方政府的号召、专业师资的召集、社会工作机构的响应、经验丰富的社会工作者参与等条件是孕育督导者成长的"巢穴"，却并不一定带给督导者在机构实践的空间。

在前文中,笔者提到经济支持和业务捆绑策略对督导落实到组织情境中开展实践的作用。接下来,笔者以福建省厦门市的案例来回应以上问题——为什么福建省的督导未能在组织情境中得以全面落实,并进一步探讨经济支持和业务捆绑形式的变化又是如何将获得制度认可的督导者"悬置"在组织情境中的。

(一)雇佣组织规模与督导设置的差异

如前文所述,深圳市对社会工作督导者的资格认证采取了分级设置的方式,而厦门市未采取分级设置。这一差异的原因之一是两地区机构规模的差异。深圳市社会工作机构规模普遍较大,机构内一线社会工作者人数多,且不同工作经验的社会工作者可以形成梯队形分布,这就可以实现中级督导者、初级督导者、督导助理与社会工作者比例达到 1∶7∶21∶63,即要获得中级督导者的身份,首先其所在社会工作机构内至少要有 63 名一线社会工作者。在深圳的案例中,若雇佣组织不具备梯队形的工作者分布状态,也就无法为社会工作督导者的产生和实践提供条件。相对于深圳社会工作机构的规模,福建省内的社会工作机构规模则小得多,机构雇佣的一线社会工作者平均在 20～30 人,只有少数机构的一线社会工作者人数可以达到 60 人以上。因此,从社会工作机构的组织规模上来看,许多机构负责人认为目前不需要再特意增添督导岗位。

访谈对象 S3 是厦门市一家社会工作机构的负责人,S3 在 2016 年已通过福建省社会工作初级督导培育且获得结业证书。不过,在谈到督导岗位的设置时,S3 认为当下不具备将督导安排进机构组织架构中的条件。

> "锦上添花"可以,但重新调整组织架构和职责分配就要衡量成本了。你看,我们现在的人数和我们做的项目数几乎是刚刚好的,任务也基本都是满的。毕竟参加督导培训,获得的只是督导技术,如果说你拿到了督导资质,要回到机构中去用(督导),那机构负责人就要考虑如何为这个技术创造任务,给提供这个技术的人

多少钱、多少工作量,等等。但现在来说,我们机构规模还比较小,不论是从金钱上还是组织架构上,都还不够成熟到可以去考虑这些问题。(S3-XM201710)

厦门市阳光(化名)社会服务机构是厦门市最早成立的专业社会工作服务机构之一,承担老年人、青少年、家庭、在华境外居民等多个领域的专业服务。虽然该机构中有三位福建省及厦门市社会工作行业制度认可的督导者,但实际上并未实行机构内督导安排,也未设置机构督导制度。

我们一直有聘请外聘督导,主要是与高校老师合作。目前没有考虑再特意增添督导岗位,一个项目主管,本身管理的一线社会工作者也就三五个,如果参加了督导培训,那就可以在原有的岗位上发挥下督导技术。(S20-XM201712)

(二)经济支持与业务捆绑形式的差异

从访谈对象 S3 和 S20 的叙述中不难发现,小型社会工作机构还处于从雇佣外聘督导者向给予机构内督导者督导实践空间的过渡转型期,在这一时期,地方政府、行业协会为督导者提供了技能培训和资格认证的渠道,为了推动专业督导实践,也采取了经济支持和业务捆绑的策略。例如,厦门市民政局在 2015 年出台的《政府购买社会工作服务操作规程》中规定,项目经费预算包括人员薪酬和福利经费、专业督导及人员培训经费、服务活动经费、项目管理经费、项目评估经费等 5 个子项,并对督导费用、督导次数等作出说明,这是社会工作督导得以开展的现实条件。可以看出,这一经济支持和督导业务的捆绑策略与深圳不同,深圳市的经济支持和业务指标直接落实到获得制度认可的督导者个人身上,笔者将其概括为"个体捆绑式",而厦门市则是将督导与服务项目捆绑在一起的"项目捆绑式"。也就是说,承接服务项目的机构,可以自主选择雇佣获得督导资质的机构内的督导者,也可以选择继续雇佣外聘督导者。

实际上,技术方面的指导,比如项目设计、评估之类的指导,这是当前机构和社会工作者面对的比较多的需求。技术方面基本还是依靠外聘的高校老师、专家过来督导。因为督导经费是包含在项目购买经费当中的，如果我们不单独聘请督导，比如我同时是这个项目的主管，又兼职督导，我们就要考虑评估时会不会受到质疑，为什么主管和督导是一个人？这解释起来很麻烦，那我们还不如聘请外聘督导。而且我们需要的是对服务项目设计、实施和评估方面的指导，"当局者迷，旁观者清"，我每天泡在社区项目中，很可能太熟悉项目了反而忽略掉一些问题。（S1-XM201703）

督导者即使获得了制度认可的督导身份，但在实然层面，却被悬置于组织情境中无法落实督导职责和业务。表3-1从政府的经济支持、业务要求等方面对深圳和厦门市的督导差异进行了对比，当经济支持和业务捆绑的形式发生变化时，督导在组织中的实践主体和职责分配都随之发生转变。

表 3-1　制度支持类型、督导者来源与胜任维度

类别	个体捆绑式	项目捆绑式
政府经济支持的形式	获得资质认证的督导者个体	服务项目
督导者主要来源	一线社会工作者转型而来的内部督导者	以高校社会工作教师为主的外聘督导者
督导者的主要业务范围	行政管理 专业实务 个人发展 行业联结	项目指导
业务考核指标	具有明确的督导者个体工作指标规定	督导次数、时长、项目实施成效
与派驻单位发生联结的方式	督导者的实务工作	项目团队
督导者胜任维度	"全能型"	"项目导向型"

　　以上两个地区的案例分别展示了地方政府部门、行业协会、社会工作机构在培育和落实专业督导者方面的合作性尝试以及最终落实到组织中产生的不同实践路径。地方政府部门支持形式的差异、制度规范的细微变化、组织规模及需求间的不同组合,导致了制度合法性的督导身份在组织层面未必能被认可和推行。虽然福建省的督导培育项目的学员最后多数未能在组织中践行制度合理性的督导身份和职责,但许多机构借此机会转向了组织内部自主认可的社会工作督导实践;而成功将制度合法性的督导身份落实到组织场域中的深圳模式,也并未完全涵盖组织情境中督导实践的多样性。

第二节　组织自主认可的督导身份与实践路径

　　现阶段全国多数地区受限于社会工作人才数量等客观条件,并未将专业督导作为社会工作机构开展项目的必备元素,许多外聘督导者也未受到政府主管部门和行业协会的认定,更多的是组织自主认可的督导角色和行为。这类组织自主认可的督导身份相对来说更容易获得,可操作性空间也更加多样化。如厦门市新阳(化名)社会工作机构自主成立了"机构督导组",该机构督导者负责机构新员工的培训和偏远地区社会工作机构培训业务的输出。再如前文提到的深圳市 SN 慢病院,虽然其事业单位的性质使得慢病院在编的一线社会工作者不具备申请制度合法性的督导身份的条件,但因慢病院服务形式对专业技术和实务经验的需求较高,具有一定经验的社会工作者定期向其他社会工作者传授经验,实际已经转向组织认可的督导实践。相对于制度合法性的督导资质要求的普遍性,组织自主认可的督导资质要求更具灵活性和特殊性,不同组织类型和技术需求的差异、组织业务范围的变更等因素都使得组织中的督导实践发生转变。

一、技术需求、业务扩展与督导身份的获得

(一)技术引进触发的督导需求

许多研究表明,技术与组织结构和组织制度的变化具有相关性(Barley,1986;Orlikowski,1992、2000)。技术结构化模型认为,技术具有二重性——技术既是人类行动的产物,也是人类行动的中介,同时又体现出结构属性(Orlikowski,1992)。一项新技术的引入,会潜在地改变行动者与组织结构之间的关系,这很大程度会触发组织结构或制度层面的改变(Barley,1986)。笔者在调研中发现,相对于制度合法性的督导身份,许多社会工作机构主动聘请外聘督导也是因为更新技术需求的考量。

访谈对象 S10 就职于深圳市 SN 慢病院社会工作部,SN 慢病院主要为患有精神类疾病的患者提供治疗和康复服务。2017 年起,该院引进 ACT 技术(assertive community treatment,主动式社区治疗)[①],尝试推行精神病患者社区康复服务。由于精神病患者康复周期较长、对家庭照顾者负担较重、对照顾者的专业技术和实务经验要求较高等特点,多专业合作下的"院舍—社区联合康复"是当下主要推行的康复模式。SN 慢病院的社会工作者就属于多专业团队合作中的一员。

虽然 ACT 模式是目前世界范围内得到广泛认可的重性精神障碍患者社区康复模式之一,但在国内不论是 ACT 技术还是精神健康社会工作领域都处于探索阶段。SN 慢病院在推行 ACT 模式的过程中面临多专业团队的配合问题,以及该模式在我国适用性的探索和调试问题。这些问题促使 SN 慢病院主动寻求精神健康社会工作领域的专家 A 老师的协助,在此契机下,A 老师成为该慢病院长期合作的外聘督导者,这也是该慢病院首

---

① 主动式社区治疗主要是针对精神功能严重受损、病程持久、病情反复、社会功能严重缺失的社区重性精神障碍患者而专门设计的一种高度整合的服务模式,该模式涵盖病症管理、风险管理、康复训练和支持性服务方法,具有多学科、小团队、主动式、个性化、长期性和全天候等特点。参见马剑平、范北方:《严重精神障碍患者社区康复服务指南》,中国社会出版社,2018。

次尝试建立和实施组织内部的专业社会工作督导机制。在此之前,该慢病院的社会工作者主要接受多专业团队中的精神科医生的督导和不定期的技能培训。

> 在 A 老师来之前,院内没有固定的社会工作督导,每年有个美国的精神健康方向的专家会来培训,虽然我们也称这个老师为督导,但其实大家都知道这种不能算专业督导,一是频率间隔太长了,二是形式就是授课式为主,因为间隔长,没办法与实务工作的进度衔接。还有就是院里的精神科医生也会督导我们,这虽然是有必要的,因为精神康复需要多专业合作,但精神治疗和社会工作的一些服务方式是有差别的,专业取向和服务理念上肯定也是有差别的。所以在 A 老师来之前,院里的社会工作者没有接受过专业督导。推行 ACT 后,请来 A 老师,帮我们总结了之前的服务经验,这也给我们之后督导社区康复中心的社会工作者带来了信心。聘请 A 老师持续督导,得到院里领导认可,才算有了稳定的督导机制。(S10-SZ201901)

技术成为 SN 慢病院推行社会工作专业督导制度的中介。新技术的引进和不同专业间对技术需求的差异,使得 SN 慢病院的管理者们意识到引进专业社会工作督导对推行新服务模式和满足社会工作专业技术提升需求的重要性。从组织自身发展的角度来看,选择专家型外聘督导者既带来了技术,又间接带来了资源。

> 高校专家看的视野会比我们更长远一些,包括理论方面他们也会比我们做一线的知道得多。而且我们也需要"包装",一个好的服务模式要推广需要产出文章、操作手册或者类似的文字去传播,才能推广,这个是很现实的问题。你做得再好,你写得不过关,或者你整理归纳不好的话,人家就会觉得普普通通没什么价值,或者评估的时候,就觉得好像没什么专业性。而经过有效的督导,督导者可以指导我们如何把我们的实务经验提炼和总结,转化成可

以供同行或者新手社会工作者参考的文章和书。我们也经历了写作和出版的过程，这就很有效，越来越多的人了解了我们在做什么，取得了什么成效，这就潜移默化地带来了很多机会，像接手一些项目或者培训其他人的机会。包括我们院的几个在编社会工作者，我们有了从社会工作者转变成督导者的机会。(S10-SZ201901)

（二）业务扩展与组织内部发展的督导者

正如访谈对象 S10 所述，SN 慢病院在与外聘专家 A 老师合作后，其服务模式得以推广，间接促使 SN 慢病院的业务得以扩展。2018 年，深圳市卫生计生委推行社区精神健康社会工作项目购买服务，SN 慢病院作为技术指导方参与其中，承担了 100 名左右社区精神健康社会工作者的专业技术指导工作。业务范围的扩展，为 4 位院内在编社会工作者转型成为督导者提供了契机。

> 我现在的工作内容和之前有些不同。因为我们在 2018 年 11 月份招了一批精神卫生专职社会工作者，在 11 月份之前我的工作内容就是访视院内服务对象，然后做一些科室的行政工作，比如写新闻稿、写材料、做党务，还有管理一些办公用品这样子。11 月之后，我们承接的社区康复中心服务项目的社会工作者逐步到各个社康中心去入职了，这些社会工作者普遍没有丰富的精神健康领域的服务经验，当时请一些专家对他们培训了两个星期，然后他们就下到各个社区康复服务中心，在社区康复服务中心工作。所以从 11 月份社会工作者进入分配的社区康复服务点之后，差不多 12 月份开始，我的工作重点逐渐向社区康复中心转移，跟进一下这些新派驻到项目点的社会工作者的工作状态，解答他们的一些疑惑。(S10-SZ201901)

看似是技术水平差异使得 SN 慢病院的社会工作者具有指导其他项目社会工作者的合理资质，但实际上慢病院的半官方性质为其创造了自主发展督导者的条件，这些督导者尽管不具备行业协会的资质认可，却可以实现跨组织运作。如 SN 慢病院新入职的社会工作者 S30，即使他是应届本科毕业生，社会工作实务经历和经验相对匮乏，但因其在"官方"组织中执业，在工作年限远不足的情况下，依旧可以作为组织认可的督导者参与项目社会工作者的督导工作。

S30 于 2018 年 6 月份获得心理学学士学位，2018 年 9 月份加入 SN 慢病院，该慢病院社会工作者部负责人有意将其发展为社会工作督导者。S30 的主要工作内容是走访并跟进派驻到社区康复中心的项目社会工作者的工作进展、服务过程中遇到的问题，项目社工们称其为"慢病院督导"（OSZSN201901-S30）。

SN 慢病院的半官方性质使得其院内社会工作者无法获得制度认可的督导身份，却为其组织自主发展专业督导提供了一定的便利。在技术需求和业务扩展的相互影响下，SN 慢病院的社会工作专业督导实践逐渐"从无到有"走向"由内向外"。一方面，通过聘请外聘督导者提升组织内专业实践者的技术水平、转化服务成效；另一方面，借业务扩展的契机，将组织内社会工作者发展成督导者，并为民办社会工作机构的一线社会工作者提供技术指导。

（三）业务扩展与督导技术范围的分化

因业务扩展需求触发的组织自主推行的督导实践并不少见，也并非只发生在体制内的社会服务机构中。例如笔者调研中发现厦门市爱源（化名）社会工作服务中心采取"内外双督导"机制，与厦门市多数仅有外聘督导者或外聘督导者先于内部督导者出现的机构不同，爱源社会服务中心是在外聘督导者加入之前就具有稳定的全职督导者，但随着组织承接的服务项目逐渐增多，技术范围出现分化，这促使爱源机构从仅有内部督导者转向内部督导者与外聘督导者并行的督导机制。

> 机构的 C 督导在机构刚成立不久时就来了。虽然 C 督导是"兄弟机构"的负责人，但实际也算是我们的机构内督导。因为刚

成立机构的时候,专业社会工作者比较少,很多实务问题我们解决不了,所以 C 督导对我们的督导频率还是很高的。C 督导主要关注的是比较具体的实务技术的指导,比如个案服务的技术,因为她在美国接受的专业训练是偏向个案治疗流派的,比较擅长做个案。不过,机构要发展,还是要多申请项目。机构刚组建时,项目还比较少,还没有意识到微观实务技术和项目服务的技术是有差异的。这几年项目逐渐增多后,特别是服务对象的类型更加多样化以后,机构也意识到需要提升社会工作项目服务方面的能力,而且 C 督导本身也兼有行政职务。机构需要在项目服务上有所突破,需要在延续已有项目的同时再承接更多的项目,所以在 2017 年又聘请了 1 名外聘督导者,主要指导社会工作项目的运作。这两个督导,虽然机构没有明文规定说一个必须负责哪方面的督导、另一个必须指导哪方面,但似乎是不言自明的。从督导的频率、督导的内容、形式还有谁来参加督导几个方面来说,大家都较为清楚两个督导各自负责的领域。(W18-XM201910)

可见,技术与业务对社会工作组织聘用督导者的类型具有一定的影响。新技术引进与技术范围的分化都会促使组织向外寻求专家督导者的帮助。同样,业务范围的扩展也会推动组织自主推行专业督导实践。SN 慢病院的案例展示了组织内发展督导者的一种路径——新技术引进和业务扩展而催生的由外聘督导者向内部督导者的转化过程。爱源社会工作服务中心则呈现了另一种组织内发展督导者的路径——业务扩展引起的督导技术范围的分化,使得即使在机构已有督导者的情况下依旧拓宽了督导者范围。

二、组织认可的督导者来源与职责分配

制度合法性的督导者主要是从社会工作机构的一线社会工作者中选拔而来,相对而言,组织自主认可的督导者来源就较为多样化,既有以高校教

师为代表的兼职外聘督导者，又包括由机构内一线社会工作者发展或晋升而来的督导者等。组织选择聘用或培养督导者的契机往往是基于技术需求和业务需求，与他们是否获得制度认可的督导身份则没有直接关系。

组织自主认可的督导者在业务与经济方面只需要与其雇佣组织达成协议，组织可以根据技术和业务需求选择不同来源的督导者。例如，相对于机构内一线社会工作者发展而来的督导者，外聘的高校专家型督导者因其技术先行的优势，往往游离于考核和监管之外，甚至他们自身是参与制度规则的制定者，附带着技术和业务资源。这使得多数组织在自主选择督导者时，更青睐聘用兼职的专家型督导。

> 其实督导有没有做过实务社会工作者是可以感受到的。像我们机构聘请的一位高校老师，资历比较深，他来督导就会指导一些长期战略性的规划，例如协助我们中心做一个三年规划，然后会讲怎么做这个事情。给我们的感觉是，他讲的都对，但是，太理想化。在实际操作过程中情况比他设想的复杂得多，督导时难道不该考虑到社会工作者的时间和精力吗？所以，我们的感受是他没有关怀到社会工作者的实际处境，有些高屋建瓴。不过即使一线社会工作者的督导体验不好，但机构也会选择聘请他，因为他的一些资源，他本身具有的社会资源和知识资源比我们多。就像理论方面，他比我们知道的多，毕竟我们的服务项目也需要"包装"，这是很现实的问题。（W9-SZ201806）

由于组织认可的督导者来源渠道更加广泛，相应地，不同来源的督导者在督导对象和职责范围方面会出现差别。一般来说，督导对象的安排是由组织指定的，在资源和资金比较充裕的社会工作组织中，督导者的类型往往更趋向多元组合。如访谈对象 S13 所述，他的机构明确区分了不同类型的督导者所负责的督导对象类型，有仅面向主管的督导者，有仅针对行政工作者的督导者，还有负责项目社会工作者的督导者。

> 我们中心督导资源算是比较丰富的，有两个香港督导者，一个

是负责行政组的,面向的是具有管理职务的同工,基本仅限于主管;另外一个香港督导者,主要负责实务中遇到的专项思维和技术的训练;还有一位外聘的高校教师督导者主要在实践和理论联系上给予指导,针对项目社工,因为项目申报和评估时的专业要素你得体现出来,要知道自己哪里做的是具有专业性的工作。(S13-GZ201804)

在对厦门市新阳社会工作机构督导会议的长期追踪观察中笔者也发现,该机构外聘督导的督导者对象针对的是机构项目主管级别以上的员工(OXMXY2016-2017)。根据调查情况总体来看,外聘督导者和组织自主发展的内部督导者面对的督导对象有所不同,前者的督导对象更偏向机构内对一线社会工作者具有某些管理权或指导身份的人,后者则更偏向对一线社会工作者的督导。即使一些机构的外聘督导者也开展针对一线工作者的督导,但督导职责、督导内容和督导频率等方面会与组织内部督导者出现分化。并且,在外聘督导者先于组织内部督导者出现时,外聘督导者会直接或间接地参与到协助组织培养内部督导者的环节中,成为"督导者的督导"(童敏、史天琪,2017)。

> 我们肯定要走访社康中心的社会工作者更勤一些,不仅是与每个片区的团队集体会面,我们还要定期进行一对一的面谈。我们的外聘督导一般是一个月1次,最初在社区社会工作者没有到岗时,他督导的对象就是我们院内社会工作部的4名同工,社区社会工作者到岗后,外聘督导(者)每个月会与我们一起对社区社会工作者进行团体督导,对大家实务中遇到的疑难问题进行指导,我们也借此机会学习一些督导技巧。(S10-SZ201901)

> 一个月会安排一次外聘督导会议,主要是团体督导,各个项目片区的主管必须参加,因为机构也有意让我们主管日后肩负起督导的职责,所以我们外聘督导老师除了实务技术和项目方面的工作指导外,也会指导我们如何带好团队,如何给予社会工作者情绪

关怀，等等。（S2-XM201704）

对于内外督导者同时并存的机构来说，组织对两类不同来源的督导者的期待以及他们的督导目标差异更为突出。内部督导者需要负责是组织内日常事务和实务工作的稳定运作，而外聘的督导者被赋予了更多的资源链接和专业名誉获得的期待。爱源社会服务中心的社会工作者 W18 感受到外聘督导者和内部督导者在指导的技术范畴、督导频率和组织设定的督导目标方面都有所差异。

> 外聘督导者平均一个月来机构一次，不过在项目重要的节点上，比如准备项目申报时、项目中期和末期评估前后，外聘督导者的指导会更频繁些。外聘督导者的指导形式既包括面对面的督导会议，还包括督导前后的邮件沟通。外聘督导者主要是对我们的服务项目把关，还有项目结项后成果的转化方面的指导。因为督导的最终目的是帮助我们把服务项目做得更专业些，专业的标准之一是要有一些经验和技巧可以给同行传递下去，得到同行的认可。比如，将实务经验转化成可以发表的文字成果，可以发一些实务技巧类的文章。外聘督导者会给我们提供一些写作方面的建议。我们机构的内部督导者主要是解答一些实务技巧和处理行政工作上的问题。内部督导者来机构的频率比较频繁，基本有事情的时候可以随时找到她，她还要处理一些机构行政方面的工作（W18-XM201909）。

由于专业社会工作政策推动的快速性、专业内部生长较为迅速，但社会认可度并未与专业发展齐头并进，这使得如何体现出专业性是社会工作发展一直追寻的目标。就如同访谈对象 S10 提到的，即使外聘督导者很少直接参与实务工作，但通过外聘督导者对项目的"包装"，使得"做的过程和成果更容易体现出专业性，或者说，更容易让别人看到专业性，那外聘督导就是有价值的"（S10-SZ201904）。在深圳从业十年的中级督导者 S8 也提到外聘督导者自带的"专业光环"对于开展实务工作、获得合作方信任的作用。

像香港督导者,大家普遍都认为他们具有丰富的实务技巧,因为香港的社会工作的发展比内地早,深圳目前的中级督导几乎都是香港督导者指导出来的。但回想起来,其实我当时的香港督导者很少直接指导实务技巧,因为我们的实务处境不相同,他督导时更多的是对我工作的支持,表达支持。我的香港督导者年纪比较大,白发苍苍的,不怒自威的感觉,看到他好像就会看到"专业"两个字(笑)。我记得我刚入职不久时,去社区谈项目,我们机构的社会工作者去跟社区和街道的领导谈,人家觉得你是小年轻,还谈专业,能有多专业? 我们就很苦恼。后来,我们的督导者跟着一起去时,合作方的态度就有所转变。即使香港督导者在那里一句话不说,也让人觉得这个项目是专业的,因为感觉有香港的社会工作专家带着,可以说是一种光环效应吧。(S8-SZ201804)

虽然组织自主认定的督导者并非全能型的,但这并不意味着督导者之间的胜任维度没有差异性。概括而言,就督导者来源来看,组织外聘的督导者和组织内一线社会工作者转型的督导者在督导对象、督导频率、职责范围、督导目标方面都存在较为明显的差异,进而导致组织对不同来源的督导者的期待有所差异,影响组织自主认可的督导者胜任力表现出差异(见表 3-2)。

表 3-2 督导者的督导情况与胜任维度比较

督导者来源/类别	外聘督导者	内部督导者
督导对象	主要是机构内对一线社会工作者具有某些管理权或指导者身份的人;或机构内某些专项领域的员工	一线社会工作者
督导频率	平均1次/月	根据工作情况自行安排;随机性、灵活性

续表

督导者来源/类别	外聘督导者	内部督导者
督导目标	提升项目专业性,提高评估成绩,为机构提供长远、系统性的规划,打造服务口碑	帮助社会工作者解决问题,保证日常工作的稳定运作
督导者考核指标	无直接考核形式	根据组织中职责范围考核,无具体督导指标的考核
督导者胜任维度	"技术—资源"导向	"行政—技术"导向

第三节　职业身份的形成与胜任维度的形塑

组织是社会工作督导实践的依托平台,也是社会工作督导者践行督导身份的主要场域。本章围绕着社会工作督导的组织情境和督导身份主要探讨了两个问题:其一,不同类型的督导身份是如何在组织情境中获得承认的? 其二,不同类型的督导身份的获得路径在组织中的胜任维度有哪些差异?

社会工作督导的组织情境特征与督导身份获得的影响指出社会工作督导者的身份获取具有制度认可和组织自主认可两条路径。不论是制度认可的督导者还是组织认可的督导者,督导身份的获得都不可避免地受到地方政府、行业协会和社会工作机构等不同组织间沟通互动的影响,特别是地方政府部门经济支持和业务捆绑形式的变化,导致不同地区制度认可的督导者身份在组织内实践的差异性。相对于制度认可的督导身份获得需要通过相对标准化的申请形式,组织自主认可的督导身份更加灵活和多样,技术需求和业务扩展的相互促进成为社会工作组织主动寻求或培育督导者的契机。组织发展的现实考量使得"资源"成为组织自主聘用督导者——特别是外聘督导者——的条件之一。

通过对深圳与厦门的督导者的身份获取的不同路径进行对比,笔者发现地方政府部门、行业协会在专业督导资质认证中的重要作用,特别是不同的经济支持与业务捆绑方式直接对组织选择的督导者类型、督导业务范围产生影响。虽然地方政府和行业协会倾向于支持和培养一线社会工作者成为机构内部督导者,但实际的支持政策(特别是经济支持形式)使得内部督导者不一定可以在组织情境中实践。而社会工作机构自身的技术需求和业务扩展则更有可能推动组织寻求外聘督导者的帮助。"个体捆绑式"考虑到了督导者工作位置的移动性,通过对具体业务指标的设置,实现机构内部督导机制的运转。"项目捆绑式"则是从地方政府推行社会工作服务的主要形式——项目制——入手,将督导与社会工作服务项目进行捆绑,推动专业督导实践的落实。同时,两种制度认可的督导身份在落实到组织内部时,受到组织规模、经济支持和业务考核的差异影响,使得制度合法性的督导身份在应然层面上得以在组织内实践,而在实质层面上,却面临着在组织内"悬空"的情况。这种督导身份在组织内"悬空"的现象具体表现为两种样态:其一,在项目捆绑式的督导实践推行方式中,相对于受到行业协会认可的内部督导者,组织依旧倾向于雇佣以高校教师为主的外聘督导者,这导致制度合法性的督导者"有名无实";其二,在个体捆绑式的督导实践推行方式中,虽然督导者实现了组织内部的认可和实践,但是在雇佣组织内,督导的职责、业务边界模糊,导致督导实践是"堆砌"在实务、管理、人事、行政等一系列其他职责之上,经常处于"让位"的状态。

相对于制度认可的督导身份较为固定化的程序,社会工作服务组织自主认可的督导者来源更加多样化,包括外聘督导者、发展机构内资深一线社会工作者转变为内部督导者等渠道。技术需求和业务扩展往往是触发服务组织主动推行专业督导机制的原因。不论是技术更新推动的业务扩展、还是业务扩展引发的技术领域的分化都会推动服务组织自主开展督导实践,且更倾向于外聘相关领域的高校教师作为督导者。不过,当服务组织面临新技术引进和使用时,更倾向于直接寻求外聘相关领域的专家作为督导者,当新技术实践促进业务扩展时,组织开始自主推动内部员工向督导者转化,即使没有地方政府部门和行业协会的直接认定,这类组织内的社会工作者由于"技术先行的优势",依旧可以获得合理的督导身份。不过,组织自主认可的督导身份缺乏规范性,导致督导成效难以评估,督导者的业务指标更偏向于组织发展目标,而非实际参与督导的成员任务目标。

如图 3-2 所示,不论是制度赋予的督导者身份还是组织自主认可的督导者身份,在行政业务方面,内部督导者和外聘督导者有较为明显的差异——外聘督导者几乎不直接参与组织内的行政业务,而内部督导者在组织中几乎都负有行政职责,这与已有研究的结论较为相似。在组织情境中,不同督导身份间胜任维度的差异体现在组织赋予不同类型督导者的职责差异。督导者在组织情境中的职责可能偏向于行政管理或偏向于专业技术的指导,也有可能是混合式的。从督导者身份的来源途径来看,有制度支持的内部督导者在组织中更偏向于混合式的"全能型"——集行政、管理、督导技术、实务工作等于一体,有明确的制度规定的考核指标;而外聘督导者则因项目捆绑式获得经济支持,因而组织对其胜任维度更倾向于项目成效,即偏向于专业技术的指导。组织自主选择的内部督导者需要在行政业务和专业技术指导方面有胜任力,但往往没有明确的考核指标;而行政工作则不属于

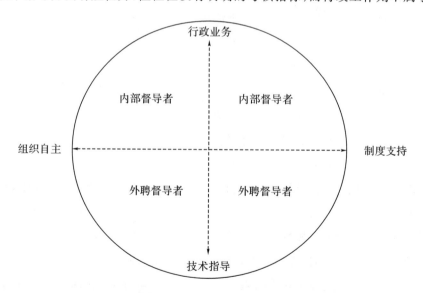

图 3-2　内部督导者与外聘督导者的业务维度差异

组织自主选择的外聘督导者的胜任维度。

　　由此可见，督导者职业身份、工作内容是制度支持和组织情境需求合力构成的结果，两股力量对督导业务范围的规定作用，一方面构成了当下督导者组织情境的复杂性和业务的多元化，另一方面这种复杂性和多元性又为督导身份的获得提供了契机，同时塑造着不同类型督导者的职责范围，对督导实践的操作、督导者与督导对象之间的关系，以及最终对专业督导的胜任策略和实践行为都产生了影响。这是笔者接下来两章要讨论的主题。此外，在接下来的具体考察中，组织类型的差异和督导者胜任维度的差异是笔者所特别关注的两个因素。

　　关于督导者胜任维度的差异，笔者在具体分析中已经对其进行了讨论。我们认为不同来源的督导者在组织情境中有着完全不同的工作处境，比如，在进行督导时，外聘督导者享有充足的"专业空间"，而内部督导者则不得不去寻求行政和专业业务的平衡；督导经费的来源和指定的使用对象不同，也会影响社会工作组织中督导者面对的督导对象群体的差异。这些差异为我们考察制度和组织层面赋予的督导者的职责是如何影响督导者的工作内容、督导者是如何向督导对象提供督导等提供了更加立体的审视契机。

第四章　组织情境中的多重角色
与胜任策略

　　按照新制度主义观点,任何组织始终都要面对技术环境和制度环境的双重压力,它们的一切现象——包括承担的业务范围和内容——都是应对这两种环境压力的结果(周雪光,2003)。因此,审视组织情境时,既指显在的承载具体工作开展的雇佣组织实体,又暗含着不同组织间/组织内互动沟通产生的某种默会情境,如果说前者规定着专业从业者开展工作的范围、内容和职责,后者则潜在地影响着这些"规定"的运作和制定。有些观点认为专业从业者与其工作之间的关系很简单,要完成的业务图景与承担业务的人的图景之间具有同构性(isomorphic),正如在考察督导者的工作业务时,经常从其业务发挥的功能入手一样。但实际情况比较复杂,从业者的工作业务会被技术、政治和其他社会力量加以分化和重组(阿伯特,2016)。

　　自中国社会工作进入专业化和职业化发展阶段,社会工作者从依托社区转向主要依托或挂靠在专门的社会工作机构展开活动,社会工作服务运作的市场化和系统性日益增强。作为整体制度情境的组成单元,组织情境是一种中观场域,是督导技术得以具体操作执行和督导政策设计得以孕育发展的基本推动载体,考察社会工作督导的组织情境及其影响下的督导实践策略和路径选择对社会工作的发展具有不可替代的作用。本章将着重考察社会工作机构情境中的专门化督导技术在多重组织情境交织作用下发生策略性流变、转接或发展的机制,即督导者根据现实督导组织情境转移而策略性改变督导技术的行动逻辑。

第一节　社会工作督导实践中组织情境的变迁与特征

一、机构服务中的督导实践

组织是现代社会职业得以运转的承载体。社会工作作为助人职业,一般来说社会工作者多为非营利性组织所雇佣。不过,随着 20 世纪 80 年代福利多元视角和现实经济政策的调整,英、美等西方发达国家社会工作者的雇佣组织从政府部门、非政府部门拓展到私人执业的营利性机构(方巍、单佳丽,2019)。

以机构作为基础服务场景的临床社会工作是西方社会工作服务中的主要形式,虽然社会工作专业发展之初,简·亚当斯(Jane Adams)——社会工作专业的创始人之一——认为社会工作应该走进弱势群体居住的社区中开展服务,才能了解他们真正的生活需求和环境障碍(Franklin,1986;Brieland,1990)。不过,马里·里士满(Marry Richmond)提倡的科学慈善原则及之后借鉴精神病学和心理治疗理论发展出的社会诊断模式,直接推动了社会工作向专业化发展,由此这种临床取向的社会工作在很长一段时间内是社会工作服务形式的主流(李增禄,2008)。临床社会工作多以个案工作和小组工作为主要方法,因个案工作和小组工作的实施环境具有一定的要求,其服务实施地主要在具体的专业服务机构内,特别是 20 世纪二三十年代的临床社会工作受弗洛伊德理论的影响,社会工作服务聚焦于社会工作者与案主在治疗过程中的个体互动(翟进、张曙,2001)。到了 20 世纪 30 年代末,作为背景的"机构"被社会工作功能学派所注意到并搬到理论的前台。功能学派主张社会工作应该是属于公共的心理治疗(public psychotherpy)，需要运用社会服务机构提供的资源并遵循机构的服务程序和要求(Taft，1937)，这与纯粹的由心理咨询师规划治疗和承担治疗责任是有差异的(童敏，2014)。机构的作用被功能学派加以强调，作为当时区分社会工作与私人心理治疗差异的一项指标。

服务机构是社会工作者的职业归属地，也是社会工作服务输送的平台。机构被提到"前台"与临床服务发生关联后，社会工作专业督导也逐渐脱离纯粹的"同构"治疗关系取向——"督导者—督导对象(心理治疗师)"的督导关系与"治疗师—服务对象"的治疗关系是相互折射的，机构也成为西方督导脉络中探讨的重要的一部分。有学者指出社会工作督导与其他专业督导有两个主要区别(Davys & Beddoe，2010)：其一，社会工作督导贯穿工作者整个职业生涯，而不只是短暂的培训；其二，传统意义上的社会工作督导是在组织内部进行的，因此，具有较强的行政(Kadushin，1976)或管理职能(Morrison，2001)。督导者的角色、任务、职责，以及督导关系中的权力议题都是因"在机构中督导"而得以发生的，甚至在西方文献中，内部督导者与外聘督导者的差异是以机构空间的不同而划分的，即督导者和督导对象是在"督导对象的雇佣机构内/机构外"开展督导(Beddoe，2012)。以机构服务作为工作背景的督导研究发展出多种督导模式例如传统的三大功能模式关注到督导者在机构内的角色职责与机构员工职业发展需求的关联；还有被广泛运用的个别督导，最初是为了解决个案治疗过程出现的"移情"状况和"同构"假设而发展出的督导形式。

虽然以简·亚当斯为代表的社区方法派在专业化发展早期的声音微弱，但到20世纪60年代，社会工作的"社会"元素被广泛提及，一些学者批判走心理治疗路线的社会工作放弃了其促进社会公平和平等的使命，变成了"失信的天使"(Specht & Courtney，1995)。社区工作方法得以复兴，随之而来的是社会工作者的工作地点更加多元化，从服务对象走进机构拓展到社会工作者走进服务对象生活的场域。虽然当今的社会工作者早已不只局限在专业机构中开展工作，但对督导的研究主要集中在发源于机构服务的督导和聚焦于临床取向的督导模式。有学者认为，文献中很少看到督导在社区睦邻组织运动中的作用,可能是因为提倡平等而非指导性的社区社会工作者难以接受"督导"这一沾染了等级色彩的观念(廖其能、张和清,2019)。由此可见,在西方社会工作的职业场景中,督导与服务机构的关联更加紧密,甚至工作地点和工作形式的多样化也影响到了督导实践是否发生,以及发生的具体途径。

二、跨机构场域的督导实践

与西方专业化发展路径不同,在中国社会工作实践处境中,社区社会工作处于先行状态(童敏,2006),社区服务也是当前社会工作机构最主要的服务领域(刘畅等,2020)。社会工作者服务的社区场景经常被提及,而社会工作机构的内部空间鲜少被特别关注,更多的是作为社会工作者的雇佣状态或社会工作服务的背景被一笔带过。有学者指出:"在中国,社区的基本特质被演化为地域性共同体和居民委员会辖区的两层含义"(吴越菲,2019)。从这个意义上说,嵌入社区中的社会工作服务不仅是服务地域上的移动(从机构内走入社区中),还是组织情境的延伸、一线社会工作者工作场域关系的移动(从社会工作机构移动到社区的工作情境中)。社会工作机构作为社会服务的承接方和输送方,其作用定然不是被学者们主动忽略的。只不过,在当前中国社会工作服务项目化运作的背景下,社会工作者所处的"组织情境"从其雇佣机构延伸到了派驻单位(用人单位),走入社区的社会工作者的工作特点不再是传统意义上的"与服务对象共同生活",更多的是与社区工作者合作开展工作。社会工作者的服务自主性在社区工作情境中发生了改变。

尽管社区是社会工作者的主要工作场域之一,但并非机构服务在中国完全没有土壤。随着专业社会工作的发展,一些体制内的公办福利机构通过鼓励工作人员考取社会工作师资格证书、聘用社会工作专业人员,逐渐发展出内生性社会工作服务,可以称其为公办福利机构中的内生性社会工作服务;还有一些公办福利机构通过购买社会工作岗位、社会工作服务项目的形式,将社会工作服务纳入其机构服务类型中,可以称其为公办福利机构中的外源性社会工作服务。可以看到,我国社会工作的服务处境是多元复杂的,进一步来说,社会工作者的组织情境具有"跨组织性":就地理位置上而言,社会工作者的工作属于非固定场所的办公形态,依据服务需求而移动位置,可以在雇佣机构中,也可以在派驻点的组织机构中,还有很多时候在服务对象的生活场所中(如服务对象的家中、活动的社区、学校或单位中);就组织类型而言,社会工作者既嵌入在雇佣机构和派驻机构的组织架构中,处于一种"在场"状态,但又因其当前专业发展的特性和自主性空间受限又具有一定的角色情境变通性(角色和功能根据情境的流动和跨域实现转变)。

虽然一线社会工作者的组织情境从雇佣机构到派驻机构发生了转变,但起源于西方机构服务脉络下的督导功能说,特别是三大功能说,依旧是我国社会工作督导谈论的主要指导范式。无论是理论概念层面,还是现实实践层面对督导的理解,行政、教育和支持三大功能成为一种模棱两可又极具合理性的解释。访谈对象 W12 是深圳市社区党群服务中心的一名社会工作者,她认为实际接触到的督导和专业督导还存在很大的差异。

> 就是感觉目前的督导不是严格意义上的、从西方传下来的那种专业化督导。我也读了很多西方文献,我感觉跟我们实际接受的督导差异太大了。(西方)专业督导可能督导者有一半的时间是在做(督导)实务的,就是提供社会工作督导。但是我们的实际情况是,一个月中,督导(者)有五天可能去某个中心督导,剩下的那些天你都不知道督导(者)在做什么。我看到我的督导(者),我就感觉他的工作,比如去哪里评估啊、去哪个机构交流啊,每个星期一(机构)还要回机构总部开会,怎么不像是"督导的工作"。(W12-SZ201804)

督导是建立在督导者与督导对象共同在场的基础上的专业过程或环节,但当督导对象与督导者的工作场域分离时,督导对象对督导的理解则停留在应然层面,而实然层面,督导定位却呈现出模糊性特征。已有学者指出,以机构服务为前提的督导功能说无法顾及扎根社区的社会工作服务处境(廖其能、张和清,2019)和我国社会工作的项目化服务(童敏、史天琪,2018)。由于我国社会工作服务高度依赖于政府项目购买,督导者在提供专业督导时一般要与社会工作机构、政府部门、服务接受机构等多方组织直接或间接的互动,多方组织之间也不可避免地存在彼此间的交织和牵扯,共同构建了督导实践所嵌入的多元化组织情境,进而对社会工作与其督导行为产生了一系列多边影响。在这种多元组织情境中,督导主体的组织情境发生了怎样的流变?组织情境对督导实践产生了哪些影响?督导者是如何应对的?继而督导的组织情境特征对督导行动产生了什么影响?

三、"双向"多重管理:督导实践的组织情境特征

图 4-1 是深圳市社会工作督导者与督导对象所在组织关系的大致轮廓构图。从督导对象所处的位置来看,督导对象的工作场域不再是单纯的以雇佣机构为主,长期驻扎在派驻组织中的社会工作者,甚至在一些规模较大的社会工作机构中,一线社会工作者从入职到离职回机构的次数屈指可数,这导致社会工作者对雇佣机构的归属感下降。

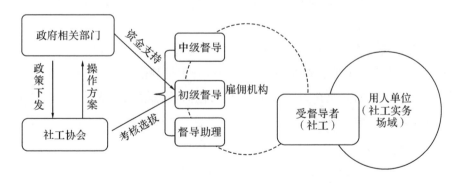

图 4-1 督导者与督导对象的组织关系轮廓

访谈对象 W12 受雇于深圳一家 600 人左右的社会工作机构,入职时是她的督导者直接招聘她到派驻的社区党群服务中心的,她仅在签入职合同

时去过雇佣她的社会工作机构一次。

> 这个中心我来之前有两个月缺岗两个人，因为我一直在另一个社区做义工，刚好我们督导（者）去那个社区办事，然后问我能不能去工作，就直接把我招来了。也没有去机构面试，就跟我说哪天去（机构），他打个电话，我直接去签合同就行。工作这一年多，就签合同去了一次机构。（W12-SZ201804）

在访谈对象 W19 看来，社会工作机构就像劳务派遣方，而社区才是她直接的工作地点。

> 去不去机构无所谓的，因为（机构）有什么事督导（者）会通知，但不去社区肯定不行，我可以一年不去机构，但我一周不来社区，那社区领导就要抱怨了。（W19-SZ201812）

> 督导对象同时受到雇用机构和用人单位两个组织情境的牵扯，就像"三明治中间那层，要完成机构的要求，又要完成派驻单位的要求，还要完成驻点单位的工作"（W19-SZ201812）。

在这种情况下，督导者作为社会工作者和雇佣机构的"传话筒"，过多关注行政事务或管理，或者没有在恰当时机给予督导对象支持的督导者往往会受到督导对象的排斥。

W17 是深圳市希望（化名）社会工作机构的一名社会工作者，2018 年初被派驻到幸福社区（匿名）的社区康复中心开展精神健康防治工作。因精神健康防治工作的专业性和特殊性，该项目同时委派深圳市 SN 慢病院精神科作为技术指导方，定期为该项目的社会工作者进行技术督导。这就导致 W17 在一个月内至少要接受两位督导者的两次督导——机构督导和慢病院督导，W17 对这两位督导者的态度截然不同。

> 我觉得我们机构的督导并没有真正地起到技术指导的作用，因为他之前也没有做过这方面（精神健康）的服务。机构督导者过来就是派一些工作任务，像填个表之类的，我来这边后，我（机构）

的督导者不怎么来了，我反而松了口气。（W17-SZ201811）

造成这种尴尬局面，看似是督导者对一线社会工作者的服务领域了解生疏，但处于初步建设阶段，并在不断完善的政府购买社会工作服务制度落实到组织层面时，未考虑到多重组织情境对督导者和督导对象实践产生的影响，导致实际上对督导行政工作和专业工作空间分配不均的问题起到了"雪上加霜"的作用。从政府购买服务的目的来看，社会工作机构作为服务设计方和服务提供方，应该对于一线社会工作者开展服务的授权、管辖、考核和技术指导具有直接话语权。然而在实际操作层面，社会工作者面临着多重管理的情况，雇佣机构的命令是一方面，另一方面派驻到其他组织内部成为受管辖的"编外人员"，甚至在日常工作中，派驻组织的"命令"也超出实际的服务范围。夹在两个组织中间的社会工作者，既期待督导，因其依托督导者来传递机构任务和解决在派驻组织中遇到的难题，又排斥督导，因其可能带来更多任务。

从督导者所处的位置来看，督导者作为社会工作机构的雇员，承担着雇佣机构授权的职务和职责，同时，也会被派驻到第三方组织开展实务工作。正如图 4-1 所示，督导者身份的合法性是由政府和地方社会工作协会赋予的。督导者是政府、协会、社会工作机构和用人单位这些社会工作者实践相关组织运作的直接体验者，借用访谈对象 W12 的话，督导者本应是"桥梁"，但实际上，他们同样也是不同组织间的"夹心层"。

> 其实督导者跳脱于机构外了，已经相当于是政府直接聘用的。也就是说，督导的使用单位是机构，但督导经费补贴的大部分是政府出的。所以说督导者原本是桥梁作用——可以跟第三方（用人单位）沟通，但实际上他却没有任何立场。在为社会工作者争取条件时，在与第三方单位领导沟通时，督导者的话语权很弱。（W12-SZ201804）

可见，虽然督导者的工作地点在雇佣机构和派驻机构两地，但雇佣机构赋予的行政职权却不具有跨组织性，因此受到政府和行业协会支持和认可的本土督导者在用人单位却并未获得更多的话语空间。

　　"夹心层"的另一表现是，督导者的实践需要同时接受来自机构的任务和地方社会工作协会规定的督导考核，当二者没有建立良好的合作机制时，则导致实际督导实践的形式化或行政化。W12 从她的经历和观察中提到了当前的督导制度落实到组织层面实践时对督导者及其工作造成的影响。

　　　　督导（者）他们缺乏时间和精力。我感觉机构把督导（者）用得太过了。他（督导者）的位置确实好像又受到（社会工作）机构的聘用，又要深入到第三方（用人单位）。用人单位还好，它不直接管辖督导（者），他（督导者）有一定自由的督导时间。但是机构呢，我感觉就是机构这样想——有钱（政府发放的督导补贴）为什么不用督导（者）？更何况还有一部分钱不需要自己去掏，政府提供给督导（者）的补贴大概 6000 多元，其中机构才出 2000 多元。所以督导（者）在机构也很忙，机构派给他很多工作，甚至很可笑的是，督导（者）还要去招人，他要借用各种途径去招社会工作者。某个驻点岗位缺人，缺一个人，机构不会主动去帮你招人的，那你缺两个，机构也不急，因为省钱了嘛。但是督导（者）急啊，这个驻点的工作开展不下去，下面的（项目）主任要疯了，就要一直找督导（者），督导（者）只能自己去招人。这些琐碎的事非常多，他就没太多时间去督导。这就导致有一些督导（者）尽管取得了督导资格，但不会认真地去琢磨督导专业技能。因为（督导）考评是年审制，只要把工作完成就好了。（W12-SZ201804）

　　督导者与督导对象双方都处于"多重管理"的组织情境中，形成一种"双向多重管理"的局面。一方面，督导者和督导对象的工作场域从雇佣机构延伸到其他组织处境，工作任务和监管机制重叠又分散；另一方面，双向多重管理又使得"督导"的可变通空间增加，表现为行政工作和专业工作分配不均、策略性应对督导考核机制，等等。

　　以上讨论表明，社会工作督导的组织情境在我国的专业生长土壤中经历了转变。督导主体所嵌入的组织情境不再只以共同的雇佣机构——社会工作机构为主体。随着购买服务体系和督导制度化的实施,督导者与督导对象各自游离、超脱、又相互重叠在不同的组织情境中。不论是实施督导这项专业过程的督导者和督导对象,还是督导这项专业过程或技术本身,都不得不为这种"跨组织性"的双向多重管理处境带来的困境和挑战找到合理的应对策略。

第二节　多重角色关系与督导实践的张力

一、督导身份、督导关系与组织中的权力差异

（一）组织情境中的督导关系与权力的策略化运用

在上一节,笔者从督导主体所处的组织位置出发,概述了我国社会工作督导的组织情境特征,即督导者和督导对象都面临着双向多重管理的组织情境特征。这种特征给督导工作的开展以及督导技术的发挥带来了一定的挑战,包括工作职责的协调、督导身份和督导对象的心理认可、督导的话语权等问题。这些问题成因复杂又具有内部差异性。在这种多重管理的组织情境中,督导者的身份又具有多重维度:机构给予的行政/技术职位、政府赋予的督导资质以及社会工作者眼中的"双重角色"(督导者和管理者)。督导身份的多维度在组织情境中的直接表现是组织情境中督导角色与管理者角色的重叠,由此带来的权力差异对督导关系的建立有一定的影响。

权力差异的出现一方面源于督导者和督导对象在组织环境中的权责差异——大多数情况下,督导对象在督导者职权的管辖范围内,这种权力是组织赋予的正式权力,包括合法权力、奖赏权力和强制权力;另一方面源于督导者相对于督导对象更多的工作经验和专业能力,这种差异带来的权力是一种非正式权力,由个人产生的,以专业知识为基础(French & Raven,

2004)。不过，非正式权力不仅与专业能力有关，还源于个人的身份属性，诸如在社会和结构层面定义权力维度的阶级、性别、年龄、能力等差异都会影响非正式权力的获得。

笔者调研发现，本土督导身份的不同维度带来的权力有所差异。机构赋予的行政职权是一种科层制化的行政管理权力，这种权力可以用来为社会工作者争取福利，可以协调机构资源，也可以稳定团队中的"调皮分子"；政府赋予的督导身份是对专业知识的认可，属于"专家权力"，这种专家角色可能会成为与机构、合作方、政府三者间有效沟通的媒介，也可能只沦为一种虚名（无话语权）。而社会工作者对督导者来说，既是行政层面上的"下级"，又是专业层面上的"同工、督导者"，这导致督导过程中的专业空间和行政空间互相侵占，在专业督导中，督导者要扮演"支持者、倾听者、合作者"等专业提倡的角色，反而可能被社会工作者策略化地运用来争取行政事务上的批准。可见，督导中的权力关系不仅仅是单向的、自上而下传递的，也可以是双向的、自下而上互动的。

督导者和督导对象的关系一直被认为是督导实践的核心（Tsui，2001；Nerdum & Ronnestad，2002；Falender & Shafranske，2004；Bernard & Goodyear，2013；Reid & Westergaard，2013），建立开放和信任的督导关系有利于在督导过程中详细探讨和审视专业实践中的困难和问题（Reid & Westergaard，2013）。有学者对此的解释是督导过程（督导者—督导对象）和服务过程（督导对象—服务对象）是一个并行过程（parallel process）（Westergaard，2013；Young et al.，2011）。督导对象开展服务时，对其服务对象采用的技能和方法是督导过程中的镜像，服务关系和督导关系亦是如此。"督导者—督导对象"建立起的关系与"工作者（督导对象）—服务对象"建立的关系是类似的，从这点上来看，促进工作者的成长与发展，进而协助服务对象的成长和发展，建立温暖、信任、同理和非批判的关系是非常关键的（Young et al.，2011）。督导者和督导对象若缺乏开放和坦诚的态度对权力差异进行反思，很容易产生压迫性的专业实践（Brown & Bourne，1996）。可以说，权力差异同样会影响督导者采取的督导模式。

关于什么样的督导关系是良好的、积极的,能够促进督导质量的,什么样的督导关系是被动的、消极的,大多数学者主要围绕着专业督导关系和行政关系进行探讨(O'Leary et al.,2013;Kavanagh et al.,2002;Harkness,1995),指出督导者同时是一线管理者这种角色双重性的情况对良好督导关系的建立具有挑战性(Bogo & McKnight,2006;Westergaard,2013;Morrel,2001)。访谈对象 S21 提到了督导者和管理者的差异。

> 管理者做管理,也做督导的话,定位点不同,有时候很难办。我感觉督导的重点还是要放在社会工作者身上。管理的话,肯定要放在项目上,或者放在机构上,以机构的出发点为主,但有时机构的出发点如果过度追求指标、追求业绩的话,对于社会工作者的成长不一定是有利的。(S21-SZ201806)

机构中的上下级关系不利于坦诚的沟通和信任关系的建立,特别是当督导者同时负责评估工作者表现和绩效的一线管理时,在督导过程中,督导对象可能会对督导者有所保留(Woods,2001)。

> 要看你和他建立的专业关系是什么样的?假如你和他(督导对象)建立的专业关系比较好,他比较信任你,有时候会主动和你说,如果专业关系不好,他感觉与督导者之间只是普通的工作关系,那他面对困难时就可说可不说。我之前说的督导的形式或者督导风格也对督导者和督导对象之间的专业关系建立有影响,如果你的督导风格是有趣、好玩的风格,则更容易建立专业关系。假如你是个很好的督导者,你就会给人家比较好的感觉,督导对象就愿意和你分析他的问题,愿意去交流。他会觉得和你(指督导者)沟通起来太舒服了;如果你们建立的只是纯粹的科层的工作关系,那他自然不愿意多分享。(S11-SZ201804)

实际上,许多督导对象可能难以在督导过程中与督导者分享敏感问题,因为他们担心督导者会对其业绩做出不利的判断(Copeland,2001)。社会工作者 W8 期待的督导是相互信任的、亦师亦友的关系，但实际上由于他的督导者同时也是机构的管理层，对于 W8 来说，很难在督导时完全向督导者坦诚自己的问题。

> 实际上的关系也就是领导和下层的关系，他（督导者）分配任务，那去做就好了。我虽然很期待书本上说的那种督导关系，就是说督导者有支持功能、教育功能嘛，我自己觉得这两种功能对我来说是我最期待的，但说实话，我没办法完全信任他（督导者）。也不能说这是我的督导者的问题吧，我觉得也有我自己的原因，因为我担心他认为我没有能力去做这个（项目），或者把项目评估的结果完全归结为我能力不足。（W8-SZ201805）

已有研究大多指向这种专业关系和科层制关系并存时督导对象对督导关系的看法和表现，而在本研究中，笔者发现科层制关系也会导致督导过程简化为行政事务的商讨，督导对象会反向的、策略化利用督导关系去协商。

> 因为我也做过副总层的决策督导，最直接的影响就是我的社会工作者跟我督导的时候，更多的是在跟我争取权利，而不是谈问题。比如督导时他（社会工作者）说："督导（我）能不能请个假？""督导这个活动能不能审批一下或者能不能把经费批下来。"（S7-SZ201804）

虽然行政关系和专业关系同时存在会带来以上矛盾和挑战，但也有督导者指出，这种双重关系是分不开的，特别是督导的传统功能就包括行政功能。S7 曾经就职的机构尝试过将专业关系和行政事务分开，但实际效果并不理想。

> 分开会难以协调。你比方说，行政方面，你要审批经费，专业方面（督导者）要把控这个活动能不能开展，如果专业督导者说这个能开（展）了，但是经费被行政（负责人）卡下了，开不了，这两个方面难以协调。还有一种情况就是，行政岗现在也是要做实务的，

那计划书交给专业线,专业那边的要是跟你"不对付",就想给你卡掉,让你回去重新改,这也不行,那也不行。然后呢,专业线要自己开(展)活动了,我要申请经费,通过行政线往上报,他直接给我压下来了,也得"打起来"。(S7-SZ201804)

督导者 S19 同样认为督导者同时具有行政权力的话,对于工作的开展具有积极影响,特别是在工作便利性和关系协调方面。

> 本身就分不开的,督导也不可能纯是实务性的。像社会工作者他对(服务)环境的一些内容,就需要大家一起来协调,包括他自己情绪上的一些事情,总得要一些协调来处理的,就是分不开的。如果行政和督导分开,行政管行政的,督导管实务的,那社会工作者岂不是要忙着两头?特别是有时候专业层面上的要求和行政要求冲突时,社会工作者很难办的,跟用人单位沟通对接时也很麻烦。而且如果督导者不做主管或者管理层,有时在用人单位是说不上话的。很多事情要协调的,比如用人单位毕竟不是社会工作专业的,有时候不太理解社会工作者,他们不理解为什么需要离开工作岗位接受督导,他们认为这样会减少工作量。(S19-SZ201812)

不过,也有学者指出,如果只把督导关系置于组织内部层面去探讨,在时间维度和空间维度上是不够全面的(Tsui,2001)。关系的形成不仅仅限于私人的、组织范围内的,同时也受组织所处的社会情况以及社会发展的历史文化脉络等宏观因素的制约。Tsui(2001)以香港地区社会工作督导状况为例,阐释了中英文化交织下的香港社会工作督导关系的多元性和复杂性。他指出,香港社会工作督导关系最显著的特点是双重视角——既是私人的,也是专业的。这是因为中国文化价值观强调互惠性,情、缘、面子是其特色,这缓和了督导者—督导对象关系间的张力,因此,双方可以在没有摩擦的情况下保持这种关系。与香港情况类似,内地督导者认为和督导对象保持私人关系(如朋友关系)的话,更容易创造互相信任、乐于沟通的氛围。

在行政方面，我的态度不会特别的强硬，我比较少用命令式的语气。有事情时我可能会要求社工定个提交的日期，如果（截止日期到了）没交东西，我要问一下。因为我平时就跟他们像朋友一样，下班后吃饭啊、打牌啊都一起玩，就是生活和事情分开会比较好一点。其实在生活当中，像朋友一样，他们也会跟你分享很多，比如最近家里遇到什么问题啊，他们会主动去说，员工间的关系比较像朋友，就很好沟通。(S3-XM201710)

一线社会工作者 W12 对此持有相反的观点。在 W12 的经历中，与督导者"太熟"会对督导效果产生一些影响，这种影响是诸如在督导过程中会出现督导内容偏差等情况。另外，在与 W12 的访谈中，她反复提到督导者很"忙"，并且因为私下关系很好（"太熟"），所以，她可以理解督导者无法过多关注督导相关的内容或工作安排，因为太多的行政工作将其"冲掉"了。甚至，因为"太熟"，一些有经验的社会工作者与督导者达成了一种"补（编）督导材料"的默契。此外，对于一些不愿意接受督导的社会工作者来说，会利用超越督导界限的过度熟识关系作为逃避督导的策略。

我有一个同事(W13)他说他已经半年没有接受督导了，其实他本身就跟督导者的关系比较好，但他不太喜欢被督导，然后他就说我自己来编（督导记录）吧。(W12/W13-SZ201804)

可见，私人关系渗透到督导工作中，同样会对督导工作的正常开展产生一定的挑战。督导者需要考虑如何在不同情境下建立自己作为督导者的角色。每个督导者都面对着厘清督导关系的性质、确定督导的重点并确保提供足够的机会与督导对象来讨论和澄清这一系列问题，这些都是每个督导者必须面对的挑战。Morrell(2001,2008)和 Davys(2007)提出的"督导最佳实践"中指出督导合同对澄清督导关系、督导双方的责任义务和风险管理的重要意义，但在本土督导实践中，督导合同一般是督导者和机构间的协议，而督导者与督导对象间则缺乏双方共同参与的协议制定过程。

机构的督导制度基本是摆设，而且我觉得不是双向的，在制定的时候没有考虑到可能对社会工作者存在的不公平情况。比如，制度规定督导者可以评估社会工作者的绩效和表现，但社会工作者很少参与对督导的评估，督导的考核是在社协那边的。但其实，督导质量的好坏最直接的体验方难道不是接受督导的社会工作者吗？难道说督导效果的好坏没有督导者的责任吗？很期待督导制度的完善，比如督导个人评估不仅仅是工作量的考核。因为制度不完善，导致很多督导者钻空子，机构层面只关注督导者有没有为机构工作，对督导事宜也是睁一只眼闭一只眼。（W8-SZ201805）

值得注意的是，行政关系和中国社会文化中讲求的脸面也影响到督导评估的公平性和透明度（Tsui，2001），社会工作者表面上具有参与督导评估的权力，但实际上要保留双方的情面，正如访谈对象 W19 所说的"不能给领导穿小鞋"。

年终考核有社会工作者对督导的满意度评估，就是社协考核他们（督导者）的时候，督导对象要对督导者的满意度进行反馈。但在这方面你总不能那样，不能给领导穿小鞋的。这个可能就是行政层级上安排的时候了，可能这种互相的自主性稍微降低了一些专业上的影响。（W19-SZ201812）

（二）理想的督导关系

上述分析中体现出了社会工作组织情境中督导关系中存在的几个矛盾：行政关系一方面是建立良好督导关系的阻碍，一方面又有利于协调多方关系；私人关系（朋友关系）是促进信任的因素，却又间接突破了专业和组织的规范性界限。可见，督导关系的维度是双向的，就组织层面来说，可以分为督导关系—行政关系构成的职业场域中的专业/职业关系；就个体层面来说，又可以分为专业关系/私人关系。适当的私人关系和行政关系有利于督导关系的建立；反之，不论是过度的行政关系还是过度的私人关系，都会影

响良好督导关系的建立和维系。社会工作情境中的督导关系实则是由专业
关系、行政关系和私人关系相互支撑建构的,专业关系有助于促进沟通中的
自我反思和自我披露,私人关系有助于形成信任和开放的沟通,行政关系有
助于工作便利和多方关系的协调。这三种关系就像三角形的三条边,共同
支撑着督导者和督导对象建立起开放、信任、坦诚、积极和促进反思的督导
关系(见图 4-2)。如若过度偏重私人关系,就会形成"强私人—弱专业"的
督导关系,这种关系容易导致督导过程和生活过程的边界模糊,督导过程中
容易掺入私人事务,固定频率、固定时长的督导会议会简化成随机督导,极
端情况会导致双方默认的形式主义的督导。而过度行使行政关系,则会形
成"强行政—弱专业"的督导关系,权力的不平等会影响社会工作者的话语
权,容易导致督导关系走向不信任、不平等、科层化的上下级关系,极端情况
会将督导流程简化为行政流程且碍于职权差异,容易形成被动的形式化的
督导。

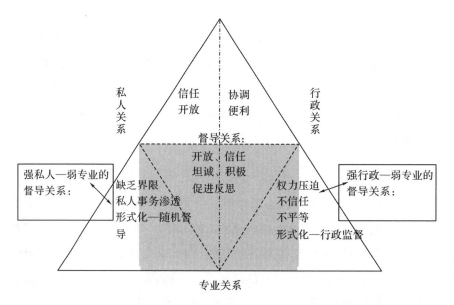

图 4-2　我国社会工作督导关系模型

二、行政业务与督导业务的张力

(一)模糊的业务界限与工作内容

正如之前所述,学界和实务领域最常被提及的社会工作督导的基本功能包括:行政功能、教育功能和支持功能(Kadushin,2002;Shulman,1995;Tsui,2001)。相应地,机构中的督导者普遍承担着行政管理者和专业技术指导者的角色。但这些基本职能的履行并不能成为社会工作督导者获得督导对象较高评价和充分认可的理由。调查中发现,督导者在机构中的行政权力、专业教育经历和实务经验共同影响着督导者在社会工作者心中的地位和声望,其中,"相关实务经验"对社会工作者来说是最为重要的,直接影响着社会工作者对督导者的态度。但在多重管理的组织情境下,督导者的工作业务构成是多元的。

根据已有访谈和文献资料,本土督导者的工作内容主要由行政管理工作、实务工作和督导工作三部分组成。不过,由于督导者所处的组织情境的多重性,这三部分工作根据督导者所处的位置不同又可以分为机构内的行政事务、机构间的协调沟通、社会工作者派驻机构的行政事务、督导者自身的实务工作和对社会工作者的督导业务五类,每一类目下又包含多个具体任务。模糊不清的行政业务与专业业务的界限,导致行政业务过度挤压督导者专业实践的时间。

> 督导者了解我们中心的每一个人、每一份工作的进度,他会进行文书督导,包括你的绩效考核、工作计划的批改,还有一些活动材料的审批。而且还有很多行政协调性的事情,比如我们在社区服务中心(派驻机构)的办公设施坏了,都要经过督导(者)去跟机构申请维修。实务工作中的很多事也是督导者全权负责的,为什么说是全权负责呢?比如我们要开展一个活动,写计划的时候,他(督导者)帮我们修改,修改完再发给他审核;然后申请活动经费再

找督导者批准;经费申请到之后,你开展活动,开完活动你去报销
经费也要找督导来审批。督导者一般要负责好几个中心,每个社
会工作者的活动地点又不可能一样,所以一个项目、一个活动看着
量还可以,但你乘以一下管辖的人数,只是这一个项目、一个活动,
工作量就挺大了吧。(W12-201804)

督导有很多协调性的工作,主要工作内容一般是行政协调和
对社会工作者的督导。此外,还有自己的实务工作、社会工作者的
培训、走访用人单位和招聘等一些事情都要做。(S23-SZ201812)

工作一般按照年度计划、周计划进行执行,也会考虑将用人单
位安排的工作融入工作当中。督导者是双重角色,既要完成一线
社会工作服务的部分,也要完成督导工作内容。(S19-SZ201812)

人力资源的开发和招聘也是督导者的职责之一。一种情况是督导者辅
助招聘,即招聘由机构人事负责,督导者负责审核;还有一种情况是督导者
直接去招聘,在前文的访谈资料中也提及过,这可能是专业督导的利益与机
构运转和服务开展之间的矛盾,机构为了降低成本而延缓招聘员工,增加了
督导者的工作,导致督导者不得不动用个人资源去招聘相关的空缺人员。

根据督导对象访谈内容的整理,笔者发现督导者的工作时间不仅仅是
督导者与督导对象定期的督导会谈时间,还包括日常工作中督导者投入督
导准备工作的时间安排。这些准备工作包括督导理论知识和实践技能的学
习、对督导对象实务领域知识和实务处境特点的学习、督导会议前对当期探
讨议题的准备工作以及为一线社会工作专业能力持续发展而进行的规划工
作,等等。在督导对象看来,这些督导的本职业务应该是督导者日常工作的
主要内容,但现阶段督导对象却体验不到督导者的督导业务和行政业务的
区别。

我的感觉是行政性工作太多,挤压了专注督导的时间,我觉得
督导不是说每次按规定时间与督导对象见面或者进行其他方式的

谈话就算督导,督导应该是需要专注地去准备、去规划的。我希望
每次见我的督导后我的感觉是与上一次会谈不一样的,像是一种
层层递进的专业对话,但实际上好像每次都是例行公事的谈话。
而且现在项目比较多,督导(者)他本身自己也会承接一些项目,承
接了项目就要去关注项目的进展情况,这也会占据督导者大块的
时间。想多承接项目也是人之常情,因为项目是有一定的补贴的,
那是他额外的收入,可以理解。但作为督导对象,我的感觉是,督
导(者)他专注于督导工作方面的时间比较少。不是说他不想(去
关注督导的本职工作),他可能也想,但是他没有精力,他没有精力
去把经验传递给下边(社会工作者),他没有办法有效地去解决我
们的一些问题。(W12-201804)

"督导工作被挤压"不仅是由行政工作分配过多而造成的,督导者所承
接的项目带来的工作也占据了他们一定的时间和精力。在第三章笔者提及
在深圳市社会工作行业协会对督导者的年度审核要求中,行政管理工作、实
务工作和督导工作都是其审核的指标,但为什么在实际执行过程中,出现了
督导工作被挤占的情况?这种情况是如何造成的?督导者又是如何应
对的?

(二)"打游击":流动式办公与时间管理

督导者 S23 是深圳市初级督导,她直接负责督导的社会工作者有 20 名
左右,这些社会工作者分布在五个社区服务中心,她的日常工作可以概括为
行政协调、督导社会工作者和自己的实务工作三部分。其中大部分工作内
容都是行政协调性的,包括走访用人单位、招聘等。对于督导者 S23 来说,
流动办公是常态,而时间管理是一名合格的督导者的必备能力。

有时觉得像是在"打游击",基本上每天都在换地方办公,甚至
一天换两到三个地方。如果能够集中在一个地方办公的话,效率
肯定会更高,但这是不太可能的,因为你督导的对象(社会工作者)
是分布在各个区域的,你要去到他们那里。我自己的时间安排基

本上就是每天很早就出门,在九点之前到达第一个地方,开始进行督导,或者是对用人单位进行拜访,看看有什么需要和机构协调的。我会利用在路上的时间处理各种小的事情,像坐车的时候回复一些简短的信息。午饭之后就要出发去另一个地方,到下午的话,我会有大段时间来集中处理事情,路上再处理一些小的信息什么的。我经常会感觉到时间的紧张感,晚上经常要加班,我认识的其他督导(者)也是这样。因为白天要到处跑,到处拜访用人单位,外出进行个人督导,自己的很多文字工作都要晚上回来再找时间来做。所以如果说我自己期望的一个理想的状态或者很胜任的状态的话,我觉得一个督导者首先要具备非常强悍的时间管理的能力。(S23-SZ201812)

虽然这种流动式办公和过多的行政协调工作使得督导者将时间管理能力纳入督导者的必备能力之中,但督导者 S23 并不认为行政工作挤压了督导业务,在她看来,行政工作本身是督导功能的一部分,与其说行政工作挤压了督导业务,不如说督导(集行政功能和专业功能于一体)工作挤压了督导者的实务工作时间和空间。

工作内容就是这样的,当时选择成为督导者时应该也明白,督导就是涉及与不同的团队、在不同的领域开展工作,而且所有的督导都是这样子的一个工作方式。工作职责就是这样子的,督导和行政性的一些事情就是这样多,只能自己来调整自己以适应工作。如果能够做一部分督导,做一部分实务就更好了,现在不是这个样子,现在的话可能实务会少一些,因为时间和精力还是有限的,会压缩自己的实务工作。如果督导的人数能够少一些,督导的范围能小一些,能在实务上腾更多的时间的话,能调整一下会更好一点。(S23-SZ201812)

访谈对象 S13 坦言,行政空间对专业督导空间的挤压不一定表现在督导者到底有没有定期开展督导,而在于督导者有没有专业反思的空间,还是头脑中充满的是任务指标的压力。

> 其实坦白讲,我觉得有时候留给我们反思的空间也不多。虽
> 然目前我也要负责督导工作,但其实更像是兼职的督导。我实实
> 在在地说,我没有认真地琢磨和学习督导技能,我只能说尽力地把
> 社会工作技术和督导技术通用的部分迁移到督导过程中,还有就
> 是把考督导资格时接受的一些培训迁移到督导过程中,但我确实
> 没有仔细琢磨过和思考过我的督导方式是不是合适? 对我自己机
> 构内的社会工作者我督导时都围绕着项目,我关注他们项目的进
> 展、评估的准备、活动经费合不合理,但我很少问他们工作如意不
> 如意,曾经我在香港督导者那里感受到的情感关怀,都被实际工作
> 挤没了。说实话,我很惭愧,因为我自己也是社会工作科班出身
> 的,不管有没有系统地学过督导(知识),科班出身的我们普遍都能
> 感受到现在这种督导缺少了点专业价值情怀,把专业督导"工作会
> 议化"了。但我也很无奈,我现在这个工作模式就是每天一起来,
> 睁眼闭眼都是三个(个案、小组、社区活动)指标,尤其到评估那两
> 三个月,全中心的项目我都得心里有个数啊,哪个可以拼个优秀、
> 争取个奖项,哪个可能会被评估方批评,怎么去应对。(S13-
> GZ201804)

反思能力是社会工作者必须具备的能力之一,国际社会工作者联合会
(IFSW,2004)曾在提出的"全球标准"中呼吁"尤其需重视发展具备批判性、
自我反思的实务工作者"。对实践经验进行反思是建构实践模式和获得社
会工作知识的核心途径(Karvinen-Niinikoski,2016)。在这个意义上,督导
者是一名"促进反思实践发生的引导者"(Busse,2009),督导过程其实是反
思实践发生的场域(Busse,2009;Beddoe & Davys,2010;Calvert et al.,
2016)。S13深知反思实践对社会工作专业实践者的重要意义,但因实际工
作环境中的种种压力,S13只能在"反思"与"行动"之间选择可以快速完成
各种工作指标的后者。

　　我一直觉得社会工作者的反思空间是非常重要的,如果能够指导督导对象形成一个反思能力的话,我想这个是第一个能把服务深度跟服务的创新性给激发出来,要不然每天做的事情都是同样的话,是很容易有职业倦怠的。可我又怕陷入反思的循环,因为过度的反思不能对现状作出什么改变的话,似乎反思就变得很无力,因为机构有要求、购买方有要求,这些不管你喜欢还是不喜欢,都还是需要实实在在地解决的任务,拿工资得办事。但其实,当一个督导者都缺乏对专业的深层次的反思的话,或者不敢陷入反思的话,毕竟反思后发现现实真的很残酷,又如何去指导一线社会工作者让他去形成一个反思能力呢?(S13-GZ201804)

(三)"我只做督导的事":独立执业的督导者

访谈对象 S8 是深圳市首批中级社会工作督导者之一,目前是深圳市归途(化名)社会工作发展中心的理事长,同时担任深圳市 B 区禁毒协会等多家社会工作机构和相关政府部门的外聘督导。因 S8 在禁毒服务领域积累了多年的实务经验,在 2016 年成为中级督导后,他走上了"中级督导的创业之路"——成立了自己的机构。与行政工作合理化为督导工作的一部分不同,访谈对象 S8 认为,督导就是要做"督导的事",而不是被行政事务过度挤压。

　　我觉得机构里面有个比较大的问题就是行政工作太多。行政工作过多就是很浪费时间。刚好我也因为督导(者)这个身份去接了一些工作,我们社会工作有两种模式,一种是民间机构,还有一种是政府部门里面直接聘用的体制内的社会工作者,有几个街道就请我去做督导(者)。我自己出来成立机构之后就去给他们做督导,我目前的工作就主要以督导业务为主,也没做什么项目,因为我觉得单纯做项目对我的意义不是很大。单纯做项目对我的价值在哪里?我是督导。所以我要研究的是专门的督导的三大功能的事。(S8-SZ201804)

行政业务的"过度挤压"催化了 S8 从原有机构离职去创业,这种情况在与其他督导者和社会工作者的访谈中反复被提及(如督导者 S7 也选择离职自主创业)。但到底如何界定行政业务却是模糊不清的。不论是督导者 S23 还是 S8,都熟知西方专业督导的三大功能——行政、教育与支持,对于 S8 来说,什么样的业务属于行政功能的范畴? 什么样的行政业务属于独立于督导功能之外的呢?

> 国外社会工作专业督导强调行政、教育和支持这三大功能,我认为虽然目前来看,可能我们督导者做的事儿也是围绕着这三个功能来的,但是我觉得(与国外社会工作专业督导)是不同的,是中国独有的督导三大功能,我们要解决的是督导功能本土化的问题。比如,国外社会工作提出的一些技术指南,一些如何给社会工作者提供支持的督导技巧,还有如何通过督导提高行政效率,这些是对的(是通用的),但是,这些技术我们怎么"落地"? 西方的(实务处境)和我们的完全不一样。我们是找(在项目实施地范围内去找服务对象),我们的社会工作者需要掌握的是怎么找(服务对象)、怎么动员其他人来与社会工作者合作,以及(社会工作者)如何与其他部门配合得到接纳。这些问题中夹杂的行政方面的业务、技巧,对于社会工作者开展工作是很重要的,特别是在社会对专业的认可度还没有普及的情况下。在我看来,这是督导行政功能在本土中需要发挥出来的部分,而不是说你(督导者)签了多少文件、审核了多少活动经费。(S8-SZ201804)

按 S8 的观点,督导的行政业务包含两类:一类是跳脱于正式督导会谈之外的一般性行政业务(如文书批阅、办公设施的管理、服务活动经费的审核等);另一类是嵌入在督导会谈当中的行政技术的指导,这可能包括一线服务相关的行政协调、政策知识的普及,等等。

(四)组织情境中督导行政功能的迁移

以上叙述表明,在政府购买服务的发展背景下,流动式办公成为常态,督导者作为一线社会工作者和机构的枢纽,起到上传下达的作用,督导者要具备平衡一线社会工作者、机构、用人单位等相关利益方关系的能力。日常行政业务不再局限于雇佣机构内部的职责和业务,随着社会工作者和督导者工作位置的变化,督导者要处理的行政业务也迁移到社会工作者的派驻机构中。笔者在几次对深圳和厦门社会工作督导实践的观察中发现,社会工作机构作为服务项目的承接方和实践主体,在服务项目的运营过程中,需要持续的与项目购买方、合作方以及评估方对话,督导者需要为社会工作者提供在与这些服务相关方沟通互动时的策略和建议,即嵌入在督导会谈当中的行政技术指导。福建省首届督导班学员 S2 就职于厦门新阳社会工作服务中心,在督导班学习期间作为实习督导者督导一线社会工作者,经常遇到社会工作专业服务与合作方工作安排冲突的问题。比较典型的是社区工作者与专业社会工作者的分工不明确,导致专业社会工作者成为社区工作者的"临时工"。

> 社会工作者和社区的关系是"分工不分家",社区认为社会工作者的工作应该是为社区"减轻负担",所以经常插入一些突发的、临时的工作任务给社会工作者,实际工作中如何去区分这些工作?虽然社区的很多工作也是和我们目前的主要服务群体——老年人——密不可分的,社会工作者如果协助去做,从某种程度上也可以为自己的项目积累资源,能够接触到更多的潜在服务对象。可是这样的工作节奏容易打乱社会工作项目本身的安排,该怎么把握呢?(L-S2-201610)

另一种常见的工作冲突是服务执行方与购买方对服务项目看法的不一致性。专业社会工作服务"助人自助"目标的达成往往是一个长期持续的服务投入过程,这经常与购买方期待的有新意的服务形式、广泛的受众群存在矛盾。

> J 社区的项目周期是 2016 年 5 月到 2016 年 12 月,执行到现在是 5 个月,项目没有中期评估。项目目前跟进 6 个个案,尚未有

典型的慢病案例,完成了 1 个经络保健的互助小组、共计 4 次(2 次线上、2 次线下)的慢病经验交流活动,2 次讲座。项目有稳定的 30 名左右的慢病老年人群体,下一步计划继续开展慢病经验交流的茶话会,梳理慢病防治手册。目前的难点是,项目 12 月结项,需要提交新项目书。社区支部书记认为慢病这个项目没有新意,她也提出 J 社区的项目购买已经持续这么多年,我们应该实现社会工作服务慢慢退出,发展志愿者来服务老人,比如老年人的替代照护者。不过,负责该项目的社会工作者则认为,慢病项目已经有了一些基础,人群也比较稳定,如果继续往下做,能够看到成效,并且现在刚有起色时便突然退出,还没有到"助人自助"的时机,不符合社会工作的专业价值理念。(L-S2-201610)

这类问题不仅存在于服务一般人群的社区社会工作中,在特殊人群的专项服务领域中也广泛存在。如在深圳市 SN 慢病院购买的精神健康社会工作服务项目中,一线社会工作者同样也面临与合作方、用人单位原有工作安排如何协调配合的困惑。机构的社会工作者并非直接到慢病院工作,而是被派驻到各社区康复中心,与"五位一体"帮扶小组(由社区民警、社区工作站人员、社康中心精防专干、残联专干和病患监护人组成)合作开展工作。这是一个跨部门的合作,因为"五位一体"中的成员都有各自归属的组织和部门,而作为服务提供方,社会工作者受到来自雇佣机构(社会工作机构)、购买方(SN 慢病院)和用人单位(社康中心)的多头管理。在这种多头管理和多方合作的情境中开展工作,如何与不同部门的人员沟通合作以防止服务资源重叠成为社会工作者顺利开展服务的重要环节。在此笔者截取 2019 年初 SN 慢病院督导者与 10 名新入职精防社会工作者的团体督导会议中的记录(O-SZSN201902),该案例详细地反映了在多重管理的组织情境中,一线社会工作者步入派驻单位的初期面临的多方合作的困难,督导者对与不同部门进行沟通协调、一起展开工作的建议,协助一线社会工作者解决融入困境(见表 4-1)。

表 4-1　团体督导对话摘录与观察笔记

团体督导对话摘录	观察笔记
督导者:现在的工作是有一定难度的,需要和众多部门协助,会与原先的意向不同,处理起来可能需要关注很多方面。这次督导是想和大家做交流,主要围绕两个部分:一是在近两个月的工作中,基本的工作定位是什么样的? 自己希望的定位是什么,即便有困难但是希望今后有价值的是什么? 二是已经开展的工作,是怎么入户的? 访视中遇到的困难是什么? 有没有你进行得比较顺利的经验?	通过一些社会工作者的反馈,督导者了解到刚进入社区的精防社会工作者普遍面临着融入服务场域的困境。因此在这次团体督导会议中,督导者设定了两个议题以了解融入的过程和困境。
社会工作者1:关于精防工作,我觉得社会工作者在社康中心的定位还不是很明确,但是,问题不只在于社会工作者,像我在社康中心,精防医生是全科医生,相当于他们是兼精防工作,在整个精防工作的定位上他们自己不是很明确,他们并不参与面访。所以合同工在接触患者的时候,虽然很努力地想要组建与"五位一体"的联系,但主要是社会工作者自己在开展访视(得不到"五位一体"中其他部门的配合)。	社会工作者1首先回答了督导提出的第一个议题——精防社会工作者的基本工作定位。从她的叙说中了解到,社康中心的相关工作人员似乎并未做好与社会工作者合作共事的准备,具体合作机制并未建立起来。社会工作者的基本工作职责不清楚。
督导者:精防医生认为自己的定位是什么样的? 你们自己认为期望值如何?	督导者并未直接告诉社会工作者1应该如何确定自己的工作定位,而是转向其他相关合作者的情况。
社会工作者1:精防医生是第一个接触患者的,社会工作者主要是协助录入数据、协助开展面访。可是,现在的感觉是只有自己在开展随访工作(精防医生并不参与)。	社会工作者1在对精防医生的工作进行描述,同时指出自己目前的工作内容,并且表达了对精防医生不参与随访工作的不满情绪。
社会工作者9:和医生的沟通几乎为零,我们都是堵住医生询问的。工作上几乎没有什么配合,都是自己开展的。 社会工作者2:我自己不敢入户随访。(在与医生的沟通合作上)都是医生闲下来的时候和我聊几句。	社会工作者9、社会工作者2也为精防医生的不配合态度而苦恼。

续表

团体督导对话摘录	观察笔记
社会工作者 8：我的驻点有一个在龙泉家园（化名），他们的社康中心是一级社康，有检查任务，所以他们的主任和精防医生都比较关注这个工作。社区会说，很期望我们给患者打电话以为患者提供免费体检，增加随访的机会。我的另一个社区是明星花园（化名），他们的精防医生却希望我们不要告诉患者有免费体检的机会，减少病人来访。虽然两个社区对待随访的态度不同，但两边的社康主任有同样的心思：希望我们忙完自己手上的事之后能够帮他们打杂一些行政的工作。但其实我忙不完，毕竟都靠自己做主导。	社会工作者 8 同时驻点在两个社康中心，他也经历了两极化的合作态度，根据社会工作者 8 的解释，"检查"是影响配合的直接因素。另外，社康中心对待社会工作者的定位是可以分担工作量的人。
督导者：社康主任希望你们腾些时间做一些杂事，但是显然你们还力不从心，这种关系延续下去会不会导致工作紧张？ 社会工作者（多人）：暂时还没有，但是延续下去必然会导致工作紧张。	督导者指出这种定位可能带来的风险。
社会工作者 4：我感觉自己就像电脑资料员，在电脑系统里录入残疾证等资料。我想去面访患者，但发现医生非常忙，目前没办法跟我去一起面访。"五位一体"都不把我们当一回事，我们说什么他们乐意的时候就回复，不乐意的几天都得不到回复。所以我现在除了录入资料，做的跟实务工作相关些的就是电话回访患者。但有的患者的电话真的是他本人的电话，有一位患者的电话是空号。一般患者本人接电话时我的话语是委婉的，因为有些患者有比较强的病耻感。但是第二天社区精防医生查社康工作情况时又正好抽到这个患者，于是又打电话给患者，患者很不开心就向街道投诉，街道工作人员就直接在群里@我，直白指明社会工作者直接打电话给患者的错误，听到这种语气我心里十分不舒服。	社会工作者 4 的经历反映出没有建立良好的合作机制时可能出现由于服务重叠引发的精神康复患者排斥服务的现象（多方电访引发服务对象不满）。
督导者：你们工作需要配合的关联度那么高，你们觉得碰到什么情况的时候他们（五位一体）的配合度会比较高？	督导者发觉社会工作者意识到与相关方合作的重要性，由此，指引大家探讨与相关方配合的方法。
社会工作者 7：当他们被检查的时候，他们的配合度就非常高。（多人表示赞同）	"检查"是将各方联动起来的共同事件。

在团体督导会议进入尾声时，督导者根据督导对象的反馈，协助厘清当前精防社会工作者的工作内容。

> 总结下大家的反馈，目前精防社会工作者有三个基本定位要求：一是和精防医生做好随访的表格和数据统计、随访记录；二是做随访和面访、做检查，如果"五位一体"成员配合度低的话，麻烦就比较大。三是做行政工作等，比如一些超出自己工作安排的数据录入和政策的整理工作。困难可能有："五位一体"的合作可能是难题，但不理你是一个现实情况，每个地方都会遭遇，这是一个制度结构上的问题，你们能做的是怎么在这种制度结构下做点事，比如两个部门能够搭配的时候怎么做？想要不同部门的人一下子接受突然的合作安排，恐怕很难，应该调整思路尽可能在"五位一体"合作困难的情况下，找出办法开展工作。尽量在这里找出一些经验。（O-SZSN201902）

对于其他相关工作者的合作问题，督导者提出了解决问题的思路：了解所处的行政架构（"五位一体"各自的职责），根据不同的患者类型，与负责这一情况的相关人员展开合作，即关注"共性职责"来建立合作关系。

> 比如稳定的患者、高风险的患者或者什么情况下的病人需要对接民警？——民警只管理高风险的，如果稳定的病人让民警去管理是增加他们的工作量。如果有风险的病人，即便社会工作者不沟通，民警也会主动合作。因此，可能需要在他们的职责范围内开展合作。我们要对在管的患者进行分类和分级，可能一个社会工作者需要负责上百人，其中到底有多少人是我们实实在在需要管辖的。我们做这个管理一定要有轻重缓急，而不能总是先开展容易的，否则想在"五位一体"中和其他部门的合作打开局面是很困难的。要去做共同关注的事情，这个时候是容易建立关系的。我们想要交换信息是一定要看他们的需要的，他们什么时候会去，我们一起去，这样工作可能会更加顺畅。（O-SZSN201902）

第三节 情境定位与督导者的胜任策略

对结构的过分关注往往会使我们忽略一个事实——个体是积极的行动主体,而非被动的接受者(Bourgois,2003)。在前文,笔者从组织情境中的督导关系和督导者的主要工作内容——行政业务和专业业务——出发,探讨了当下多重管理的组织情境特征对督导实践和专业技术传递产生的影响。督导实践的组织情境虽然对督导实践有所制约,但在日常实践中,督导者对其所处的情境做出了特定的回应,并在行动过程中重塑了专业技术要求。督导实践落实的组织情境是流动性的,督导者通过对情境需求和要求的判断、对自己在情境中的位置移动不断调整自身的角色定位、心态和话语建构。组织情境的流动性不仅体现在督导者自身的位置移动方面,还包括督导对象所在的位置差异以及组织类型、组织文化的差异。

一、流动的现实情境与督导者的角色转化

在探讨行政功能的迁移时,通过社康中心团体督导的案例,我们可以看到,督导对象受到社会工作在不同组织情境中的"定位"困扰,督导者根据社会工作者所嵌入组织的制度结构特征,建议社会工作者将专业服务与其他部门的工作内容连接。实际上,在多重管理的组织情境中,督导者同样要面临如何定位的困惑。对于身兼多职的督导者来说,回应组织赋予的多重职责和社会工作者对督导的需求,实际上是不断调整自己的角色定位以回应情境期待的过程。根据访谈资料可知,督导者们普遍认为成为督导者后首先要面对的是角色的转变与现实实践情境中对督导定位的协调,之后才是督导技能如何发挥的问题。

> 成为督导之后最大的一个转变是角色转变了。因为你的角色转变了,多了一个新的角色,进入一个新的领域,如果不是很清楚

地知道你现在站在什么位置上,需要一种什么样的心态和能力来应对接下来的工作状况的话,刚开始就会有一些手忙脚乱。可能之前四五年的工作经验,对现在来说不一定有借鉴意义。所以要先把自己的位置调整好,之后才是技巧层面的问题。(督导)技巧都可以在之后学习的,但先要明白自己站的位置已经变了。自己的角色变了,包括别人对你的期待也都变了。(S19-201812)

访谈对象 S13,于 2015 年参加广州市社会工作者协会督导岗前培训,通过考核并获得督导资格,2015 年末、2016 年初因工作调动到厦门,参加了福建省社会工作督导培训。2017 年再次返回广州,被聘为广州市富源街道(化名)家庭综合服务中心主任。S13 认为自己是逐步向管理层迈进的,在最初他是不想妥协"上任"的,他想专注于专业实践领域,但因为现实处境的需求,S13 开始有意识地跟随情境调整自己的角色。

其实我是逐步向管理层迈进的。很多时候虽然说可能还是想做专业的东西,但是现实是会把你从专业工作慢慢推往一个管理方面的,因为这个也是上面政府的期待和机构领导的想法,督导专业技术是一方面的,另一方面你占据了这个位置,要为机构的长期发展出谋划策,要能行使部分管理职能。我觉得我就是慢慢地调整自己,完成了这个角色转变过程。我刚到这个岗位时,还有个原因让我开始思考自己在这个位置上怎么调整自己的角色,怎么去调整自己的期待。像我这种在职场上有点像空降嘛,我之前不在这个中心,是后过来的。空降的管理者往往一开始肯定会遇到阻力的。我刚来的时候,我就想做一些专业指导,因为自己也做了这么多年实务,是科班出身的,并且还获得了督导资格。但我过来后,我发现同事的(督导)需求不是很大,不是说一点需求都没有,而是需求不多。因为他们在这个中心很多年了,他们的实务经验并不比我少。而且由于我刚来时有一段时间总想怎么去做专业督导,运营效率相比我来以前降低了,我逐渐意识到总想着怎么进行专业指导这其实也不是很对劲。所以我后面开始有意识地调整，自己完成一个角色转换，就是慢慢发觉、察觉同事们的真实需求，不仅仅是专业指导层面的需求。现在我的督导职责从专业方向慢慢转向一些其他方面，比如处理公共关系，等等。（S13-GZ201804）

访谈对象 S13 用"人在情境中"界定督导者的角色。

看我在什么情境。我现在在本中心的话，基本上偏向于管理、行政指导为主。如果我去其他中心，那我就是偏向专业方向的督导。（S13-GZ201804）

我国社会工作和专业督导的发展都具有时间差异和地域差异的特征，一些机构会聘请在深圳、广州等社会工作发展较快地区的本土督导者作为其外聘督导者。本土督导者短暂的位置移动——从本机构内的督导到其他机构的外聘督导——同时卸下了机构的行政职责，在督导内容方面也有所差异。

如果我去其他中心，那我就好像真的会比较专业一点，偏向专业，因为在那里我不用管那么多行政的事，我就可以安心去督导。我以前有在两三个中心或者是一些专项做过督导的，现在因为时间关系实在分配不过来，所以目前就只保留一个中心，做青少年方向的、和外来来穗人员服务组的一个督导。我到了其他中心就没那么多行政杂事要处理，也没有管理的职责嘛，所以我的角色就真的像一个专业的督导，基本上就是专注在专业知识的灌输还有技能方面为主的指导。所以得看你在什么情境，是不是？在不同的情境中，也要更换一下自己的角色和行为模式。（S13-GZ201804）

S13 的故事表明督导者所处的情境并非理想中的工作情境，甚至督导对象对督导的专业层面的需求也会因督导双方在组织情境中的"先来后到"、组织的运营情况和督导对象的实务经验而有所变动。根据社会工作者的实务经验、需求与督导者期待之间存在的张力，督导者对现实情境要求作出主动回应，通过自己身处的情境位置来调整其角色定位，以实现督导功能在不同情境中的策略化发挥。面对现实情境的不确定性和变动性，如果说S13是一种主动式应对的话，在督导者S15的故事中，则更多了一些"乐观性妥协"的意味。

现在回想起来，我好像是被推着走过来的。就像我刚才跟你说的，我做项目（社会工作者）的时候，我觉得做项目很不错，在街道里有饭堂，项目点离我家五分钟的距离，都很方便，好好做项目很好。但项目总有个周期，我的项目周期到了、结束了，项目没了之后怎么办？刚好有个岗位有空缺，领导说你们得去一个人做岗位（社会工作者），项目里另外两个人都不愿意去，我们三个人得有一个人去啊，那他们两个不愿意去，我说那我去吧，我就过去做岗位社会工作者。去了之后发现岗位（社会工作者）超好啊，跟项目完全不一样。因为我这个人处理关系这方面还可以，适应得也快，我和我的直接领导关系很好，关系好了，他就认同你做的这个东西，不用像做项目时总要应对评估、总要去跟一些相关方解释社会工作者做了什么不同的（东西）。我那时心想一直做个岗位社会工作者挺好。结果做了一年，岗位没了，就是这个岗位购买的三年期到期了。然后呢，机构那边说有个服务中心缺个主任，你去吧。因为我那时也做了几年的一线，去做服务中心主任，连面试都没参加就让我去了。在服务中心那一年感觉还挺好，带的团队也是优秀团队，我个人也被评为区里十佳优秀负责人。后来因为有个机会，我可以到另外一个机构（就是现在这个机构）做一个更高的职位，我衡量了下发展的空间和可能性，觉得可以试一下，我就去了。所以说我最喜欢分享一些工作经历，希望给社会工作者一些启发。如果一个人频繁地在换不同的岗位，有的人就会很焦虑，我觉得我的心态是乐观的。我现在督导时，也跟社会工作者说一定要找生活的意义,还有工作的意义,如果你找不到,你就会很沮丧,就会迷失;如果你找到了,你就会发现所有的问题都不是问题。一定要找到意义,没有意义就会很难。(S15-SZ201805)

找到自己合适的位置,是督导者适应新角色的心理调适和行动调整的方法。"推着走""乐观""适应得好""找到意义"这些词语是访谈对象 S15 在讲述他从一线社会工作者向督导者转变的经历过程中的几个关键词。在这一段经历中,S15 在各个职位/岗位的流动过程中不断获得"优秀"的表彰,加强了他对"适应得好""乐观"和"找到意义"的强化认可,"推着走"似乎也成为一种领导层面对具有较强工作能力的人的鼓励和嘉奖的机会。但实际上你会发现,"机会"很多情况下是因为"项目到期了"或"岗位到期了"等宏观社会工作服务购买机制的间接,甚至直接导致的不得已的换岗选择。而这是社会工作行业在具体实践情境中必须面对的现实议题,由此,S15 认为,"找到意义"是应对频繁换岗可能导致的迷失的策略之一,并且,把这种策略迁移到对社会工作者的督导过程中。由此可见,不仅要帮助督导对象理解他们的位置差异,同时督导者需要理解自身所在的位置差异和情境要求,将自身位置变化过程中的感知化作对实践处境的共情。

二、督导对象的位置差异与督导策略

(一)岗位社会工作者、项目社会工作者与督导需求

督导对象所在的位置差异,包括购买服务类型的差别——岗位社会工作者、项目社会工作者——和雇佣组织类型的差别。在督导者 S11 看来,虽然不论是岗位社会工作者还是项目社会工作者,都是被派驻到另一个单位去服务,作为督导者,协调社会工作者与用人单位的关系是必不可少的,但实际上,岗位社会工作者和项目社会工作者的处境有很大不同。

你现在如果是督导岗位社会工作者,社会工作者会希望督导帮他们解决用人单位的关系。但这个"关系"比较简单,基本上就

是有关系或没关系。也就是说岗位社会工作者的话,你和你所在的用人单位的直接领导"混"好了,那你所有的问题都不是问题。项目社会工作者的痛点就是很"纠结"。因为有用人单位,还有购买方,还有机构的一个管理方都要管着社会工作者。其实岗位社会工作者更多的是用人单位指派任务,(社会工作)机构管理不是很多。但是不论是机构还是社区都对项目结果看得很重,如果你这个项目落在街道或者是哪个社区,那么你就要结合这个社区的一些需求。其实项目服务是要在多方的要求中去寻找一个自己舒服的且能够照顾到专业方面的,又能够满足用人单位要求的一种做法。(S11-SZ201804)

仅从协调关系这方面来说,岗位社会工作者和项目社会工作者面临的状况就有很大差异,岗位社会工作者一般只需要处理社会工作者和用人单位的协调沟通即可,但项目社会工作者至少要协调好用人单位和雇佣机构两个组织,还要考虑购买方提出的要求。这些差异使得督导岗位社会工作者和项目社会工作者的主题也有所不同。参与访谈的督导者普遍认为督导岗位社会工作者更容易关注到实务方面的聚焦点,因为行政工作方面有用人单位的工作流程去把控。

就只是岗位的话,更多处理的就是他在岗位上涉及的服务人群的问题。因为岗位都有一套行政的或者用人单位制定的一套工作流程。(S11-SZ201804)

岗位社会工作者分行政岗跟实务岗,行政岗基本上不用管它,那些属于行政组织下发与统领下的机构,我们(督导)基本不用管它。然后,第二种就是专业型的,这类型的是真的需要去做专业很精深的一些东西,你比方说,特殊儿童的家庭寄养,你怎么去看他(儿童)有没有被虐待、怎么样看他有没有被忽视,都需要专业的介入手法,督导的时候更多的都是专业层面的指导,这个是很专业的。(S7-SZ201804)

相对来说,督导项目社会工作者情况则复杂得多,因为项目涉及项目社会工作者和其他利益相关方的沟通,督导过程中更多的是关注项目的运作和利益相关方要求的达成。督导者的指导内容包括项目计划与内容、资源与风险把控、项目执行前期的宣传等许多项目管理与运作方面的技巧,而社会工作专业实务技巧只是项目执行过程中涉及的一小部分内容。

项目督导视角和岗位是完全不一样的。督导项目的话,你要了解项目的范围、项目的质量和资源、宣传,以及项目风险的把控。这些东西都需要去和项目成员沟通。所以如果论专业的话,其实更多的是偏向项目管理的视角。(S11-SZ201804)

项目强调的是项目的可行性和操作能力,比如在社区服务中心的一个项目,它就是要求你要去管理团队,明确团队成员的分工,你还需要能去"谈项目",如果一些购买方或者社区的要求过高或者过于不合理,社会工作者需要有条理地、有理由地去谈判。还得会"说项目",这个项目设计的理由、项目的操作过程和项目成效都需要你在特定的场合下表达出来。所以其实在做督导项目社会工作者的时候,更多时候就会落脚在怎么样推进项目、更好地去完善项目,并且在这个过程中为社会工作者争取一些权益。就是你进一步他退一步,你退一步,它(社区要求)就进一步,那社会工作者的压力、工作量都会噌噌上涨。(S7-SZ201804)

(二)多专业团队中的督导需求与督导策略

社会工作专业服务也并不总是由纯粹的社会工作者组成的专业团队来实施的,越来越多的社会工作者在多专业、多部门的环境中开展专业服务。作为对专业实践的回应,社会工作督导也由此发展出两个重要议题:一是跨专业督导;二是多专业团队中的督导。跨专业督导是指督导者与不属于同一专业或者学科的专业实践者之间的督导。跨专业督导不仅局限在多专业合作团队中,它也可能发生在其他形式的合作团队中,如社会工作者与志愿者合作的项目中也经常可以看到这样的督导方式，只是这种跨专业督导在多专业合作团队中的需求比较迫切，发生频率比较高。对于多专业团队中的社会工作者来说，他们有时处于由非社会工作者负责的管理团队中。在这样的多专业团队中，由管理者提供的督导旨在提高服务的监督能力和增强团队的沟通能力，却未必能够满足社会工作者的专业实践和个人发展的相关要求。如社会工作者 S10 提到，她的内部督导者是精神科医生，精神科医生的督导使她更加了解精神病患者的病理性特征和康复期特点，以及与这类服务对象接触过程中的注意事项等，但由于学科差异和实践方式不同，他们无法在社会工作专业实践技巧和价值理念上达成共识。

> 大概差别是专业取向上的区别。精神科医生更多的是从一些病症的角度去督导你，对风险预估和对患者一些动作行为言语的理解方面会有帮助。（病症的角度）更多的不是看这个人的整体，是看他在某一方面可能是因为这个病引起的一些东西。换句话说，就是更多的是判断病的程度和病的程度引起的一些行为习惯。但社会工作的精神康复，病情是一方面，还有一个就是要关注病患的社会功能，还有病患家庭的需求。就除了病患自己症状的康复之外，他的其他方面的需求也要关注，要有对生活环境的关注和关怀。（S10-SZ201901）

跨专业督导有其优点，但并不能完全取代社会工作专业督导。S10 作为慢病院的专职精防社会工作者，更多的是与院舍内的精神医生配合工作，而派驻到各个社康中心的精防社会工作者，在多专业、多方管理共存的情境下，面临的问题更加复杂，对专业督导需求也更为迫切。

> 精神健康社会工作者这个领域其实是比较新的，社会工作者加入进来，你怎么去展现自己以让别人认可你的工作？认可社会工作的专业性？毕竟在这个领域最权威的专业人士是医生，而不是社会工作者。特别是如果你没有医学背景，又没有什么精神治疗领域的工作经验的话，别人会对你（的能力）打一个问号。而且

因为你没有接触过（这类服务对象），没有医学背景，所以你要不断地去学习很多新的知识，了解精神康复人群的特点是什么，他们的一些常用药物是什么。这些知识都要去学习。同时，你本来就只是（康复团队）中的一员，（团队中）每个人都很专业，那你怎样从社会工作专业的角度去提出一些看法或者一些介入策略，这就会有些难度。（SNW1-SZ201901）

　　包括做公卫（公共卫生）的人，很多时候他们跟我们社会工作关注的焦点、看待事情的视角是不一样的。我们提倡的是人文关怀，他们要看的是一目了然。他们觉得有成效就是有成效，要体现出一下子就能看到的成效。但是我们是"细水长流"的。要看成效就要看长期的利益，要看长期他（患者）的改善情况，短期看可能是没有复发，但回归生活的过程是长期的。还有就是你的服务对象，因为精神康复群体真的太特殊了，不论是从他们病情复发性的特点来说，还是让他（服务对象）接纳你的过程，这当中花费的时间精力很大很大，而且很可能刚做出一点点成效，然后因为一件什么突发的事情，（服务对象）就又退回到原点去了。（SNW1-SZ201901）

有学者指出，跨专业督导通常以"保护服务对象福利"为基本目标，是"一个能够帮助参与者增加知识、提高技能、维持临床、专业能力的专业态度和价值"的督导过程（Townend，2005）。在 SN 慢病院精防社会工作服务项目的实践中，督导者也尝试达成这一目的，由于服务对象的病理性特征，督导者首先从技术上去提高社会工作者面对精神病康复期这类服务对象的服务技巧。

　　他们（一线社会工作者）关注的是很具体性的实务技术问题。在精神健康领域的（社会工作者）面对的第一个问题往往是如何与患者沟通，比如有哪些接听技巧可以提升电话回访率。与这类服务对象沟通时，要特别细心，要有注意细节这个意识，而不是说你是想达到你自己的目的。回访时一般要达到三个目的：第一个是了解访视对象当前的情况;第二个是做风险预估;第三个是让访视对象接纳你。所以如果在回访时关注到一些小细节的话,服务会有一些改变的。毕竟(服务对象)比较特殊,很多东西都是从小细节方面展现出来的,这就需要培养社会工作者的敏感性。一些社会工作者有时会想按照自己认为对服务对象好的方式去做,特别是在服务对象出现一些情况时,这时就需要有人来告诉他们,社会工作者自己要有一个暂缓过程,不用那么着急改变,而是要慢下来去观察。因为这种(类型的服务)是要陪伴他(服务对象),而不是急于让他达到你想要他发生的改变。还有就是给社会工作者提供情感支持。因为我们站的角度不是去命令(社会工作者)去做哪些事情,我们多半是以一个技术指导的角度去督导,同时也是给社会工作者一个支持。包括我们现在下去督导都会问(社会工作者),你自己目前的工作有哪些内容? 你自己感觉怎么样? 你自己之前的期望是怎样的? 你希望我们督导哪一方面的内容? 你希望我们能提供你哪些帮助? 这可能算是情感支持。(S10-SZ201901)

从精神健康社会工作者所接触的服务对象群体特征来看,这是一个高风险、高情感耗竭的领域。从精神健康社会工作者所处的工作环境来看,他们又面对着多方管理、定位模糊等情况。因此,在督导过程中,情感支持的需求凸显,督导者更多的是通过提问了解社会工作者的状态、给予支持,重要的是促进他们的反思。在这种多专业团队共事的环境中,督导者更多的是一个中立方的技术指导者和支持者,社会工作者需要通过对专业反思来找到自己合适的、可以促进服务进展的这种位置,而不是说非要固定在哪个位置上,那样不一定是最有利于合作共赢的。(L-OS-SN201901)

(三)组织文化差异对督导实践的影响

不同组织类型也会影响督导内容和策略的选择,特别是督导对象所处

的组织文化差异较大时,督导内容、督导策略都会随之发生变化。督导者
S8 根据自身在社会工作机构和政府职能部门督导的经历,比较了这两类组
织中社会工作者的情况、问题的差异性以及组织文化的差异。受雇于社会
工作机构的社会工作者,因"低薪多劳"的现实处境,经常在生存与发展之间
挣扎;而政府部门的工作者则苦于缺少沟通与协商的空间。

> 在社会工作机构督导和去政府组织督导其实不太一样。在这
> 两种不同类型的组织中,督导对象遇到的问题其实会不一样,因为
> 社会工作者所处的组织的要求和做事风格不太一样。我们社会工
> 作机构的督导对象,经常面临现实性的问题,因为薪资的问题,或
> 者拿项目的问题,过了为薪资待遇挣扎那一段后,就会逐渐变成个
> 人发展的问题。政府(组织)里它又是另外一种情况。因为在政府
> 部门的工作者相对来说本地人较多、经济条件一般还不错,可能说
> 像社会工作机构经常思考如何生存、一线社会工作者经常抱怨薪
> 资低等情况不太会出现在政府部门中。但是因为政府部门的组织
> 文化(与社会工作机构文化)是不太一样的,它是执行文化,而社会
> 工作机构的组织文化一般是协商文化。相对来说,政府职能部门
> 的从业者他们有的时候面临的压力就是来自领导,领导说的每一
> 句话都要执行、要听从,那就压力很大,他更多的是需要情绪支持。
> 而社会工作机构我觉得是太民主了,因为强调人性化,什么都可以
> 去协商、去沟通。他们(政府组织)就是太强硬了。(S8-SZ201804)

根据 S8 的讲述,由于政府组织的"执行文化",督导者可以专注"专业的
部分",因为执行任务的部分不需要他去操心,他与部门领导通过各司其职
的分工原则,快速地提升了这个部门的非专业从业者迈进专业社会工作的
门槛——获得职业证书——的效率。

> 我发现 L 部门的领导是特别"霸道",他说不是科层制,而是
> 半军事化管理。你负责管理,我负责专业化。就是协调好这两部
> 分,各司其职。这些政府部门的工作人员虽然不是科班的社会工

作专业出身，但是由于领导风格的原因，组织整体的纪律性高，效率也相应提升。所以我去督导时，主要是培养专业技能：第一个是做社会工作职业资格证的培训；第二个是做与禁毒服务相关的实务技术的系列培训。我就从这个他们快速专业化的过程来说，社会工作机构做不到这个事。社会工作机构的底子是 OK 的，社会工作机构招到人的素质应该还是不错的。政府里面人员能力参差不齐，但是他有好的地方，就是好管理、有效率。（S8-SZ201804）

第四节　情境便利性：流动的督导及其胜任特征

在第二章社会工作督导的制度情境中，笔者回顾了我国社会制度转型和社会工作发展历程中非专业督导到专业督导的演变路径，指出在现阶段专业督导的发展呈现出制度支持、多种类型并存且逐渐"由外部支持向内部生产"过渡的发展特征。在各地区地方政府的倡导下，培育督导者与督导资质的认证成为社会工作专业建设的重要环节。在制度变迁和政策推动下，社会工作督导终于逐渐进入了专业发展的"主流视野"之中。但诸如 S8、W12 等访谈对象的叙述则呈现出矛盾景象——被认为非常重要的督导在组织中的实践空间却遭到挤压。这不禁令人反思，从制度支持到组织实践的中间环节发生了什么？以至于出现这种"重要却又不被重视"的尴尬局面。

根据第三章的内容，我们可以看到，在社会工作服务项目购买和岗位购买的宏观背景下，督导者与督导对象的组织情境从其雇佣组织社会工作机构跨越到派驻组织，督导实践的组织情境特征是一种"双向多重管理"的组织情境，即督导者与督导对象各自游离、超脱，又相互重叠在不同的组织情境中，需要在多方组织需求和规定下开展实践工作。在本章，笔者主要围绕着组织情境中督导者的日常工作内容、工作关系和实践策略而展开探讨，尝试回答"组织情境特征及其对督导行动产生了什么影响？督导者是如何应对的?"两个问题。

　　囿于西方社会工作专业督导知识,督导者与督导对象普遍将督导三大传统功能(行政功能、教育功能和支持功能)作为衡量督导实践是否"专业"的标准,相应地,督导的行政业务和专业指导业务成为组织情境中审视督导实践的主要内容。督导者与督导对象在组织情境中的权力差异、位置差异、业务内容以及组织情境自身的要求和特征,使得本土组织情境中的行政业务与专业业务界限模糊,造成了行政空间对专业空间的挤压的表象。穿梭在不同的组织情境中,督导身份的多维性得以显现,不同组织赋予督导不同的角色定位,双重角色(行政角色和专业角色)依旧会对督导关系的建立产生影响,督导对象普遍对行政取向的督导关系抱有负面印象。不过,由于督导者与督导对象的组织情境特征相似性——都面临多重管理,督导对象更容易理解督导者的行政工作压力,并且,一些社会工作者会在督导过程中反向利用行政关系以争取资源。因而,理想化的督导关系是行政关系、专业关系与私人关系的动态平衡。

　　组织情境的变迁对督导实践产生的影响还体现在督导主体位置的流动性上。督导主体各自嵌入的组织情境的差异性,形成了多组织要求的督导工作内容,导致本土督导者面对不同需求时的回应问题——有限的精力和繁多的问题解决压力。一方面,督导者工作地点的流动性使得督导实践成为工作便宜原则下的督导(策略)时空安排;另一方面,督导者通过对组织结构、组织文化、社会工作者在组织情境中的位置等情境要素的理解,形成应对位置流动的具体督导策略。

第五章 专业规范、情境定位与督导主体的差异化期许

有学者提出,社会工作是一种社会治理术,促使社会治理理念实现了可操作化,而且较好地契合了社会治理社会化、精细化和专业化的客观要求(李迎生,2014;卫小将,2018)。然而,社会治理术作为现代国家的重要标志,对普遍性和理性化原则的追求也频繁因对地方性现实的忽略而被归于失败,这意味着社会公共工程建设中应充分吸纳和重视实践知识体系(斯科特,2017)。上述视角对社会工作督导理念的践行具有重要的启示意义,如何均衡社会工作督导中的专业化和情境化始终是困扰督导从业者的难题之一。

一般来说,社会工作专业督导的工作实施是依靠督导形式和结构来保证其专业性和有效性的。专业且有效的督导会议构成要素包括督导的形式、频率、内容和过程。定期进行督导,是知晓一线社会工作者是否实施称职的服务介入的重要途径(Jones,2006;Kavanagh et al.,2002)。然而,督导者的督导行为不是发生在理想时空中的,而是受到诸多已知或未知、现有桎梏或突发事件、过去经验或未来预测等因素的影响的,提前预备的秩序完善的督导技术方案往往在现实情境中凸显出过于清晰化、简单化的弊病,在实际运用中不得不经历持续的反复界定和重新建构,以适应复杂多元、变动不居的情境需要。正如前一章阐释的,社会工作督导组织情境特征以及组织情境内部的差异均对督导实践产生了影响,督导者不得不通过妥协性胜

任策略——根据情境要求来定位自己和督导对象的角色和任务——应对位置流动和多重组织情境要求。在本章，笔者将聚焦于督导者和督导对象的微观互动过程，阐述有关专业督导的开展方式、督导过程和内容的研究发现。

第一节 专业规范与督导实践的灵活性

西方社会工作专业知识脉络中所论述的以督导者和督导对象为主体的专业督导的开展形式主要有个别督导、团体督导、现场督导、电话和网络督导（远程督导）等。其中，个别督导和团体督导是社会工作中最为传统和常见的督导形式（Kadushin，1992）。个别督导和团体督导的实施具有程序性和结构性，一般是督导者与督导对象在固定的时间段开展督导会议。个别督导是指一名督导者与一名督导对象之间直接面对的督导过程。个别督导成为美国社会工作督导实践最常被采用的督导形式（Kadushin，1992），主要是由于其具有针对性强、保密性高、督导成效明显等鲜明特点（李晓凤，2016）。团体督导是一名督导者与多名督导对象开展的督导过程，其特征是督导者与督导对象之间的权力要比其他督导模式更为平等（Kadushin & Hakness，2002）。团体督导多以讨论督导对象实务工作中面临的共性问题（Waston，1973）。在团体督导中，督导者应创造鼓励自由表达的氛围，促进督导对象与督导者，以及督导对象之间的主动沟通，甚至可以表达对督导的不满（Kadushin & Hakness，2002）。

在中国，大多数督导者轮流运用个别督导和团体督导形式。在实际场景中，督导者也经常运用实地督导、现场示范、远程督导、文书督导等非传统意义上的督导形式，甚至督导者会根据实际督导需求自行创新督导形式。一些地方性行业协会出台的社会工作督导实施办法中支持的督导形式比较多样化，不过个别督导依旧是最不可取代的形式。如广州社会工作协会发布的《广州市社会工作行业督导人员资质备案、认证实施办法》第二十二条中对督导工作方法提出要求："……以面对面的督导工作方式为主……其他的督导还包括邮件、电话等非面对面的督导应为辅助，原则上个别督导服务时数应多于团队督导服务时数，避免督导工作培训化。"深圳市社会工作协会发布的《深圳市社会工作者初级督导选拔考核管理办法》和《深圳市社会工作者中级督导选拔办法》中规定，督导者每月必须为督导对象提供至少一次面对面的个别督导，每次督导时间不少于 2 个小时，以及每月至少一次不少于 2 个小时的团体督导。

一、传统督导形式的情境化实践

（一）个别督导形式的延伸

个别督导因其只有督导者与督导对象参与，具有一定的私密性，督导对象可以在督导过程中坦然讲述自己实务过程中的任何困惑和困难——实务技术上的、情感上的和情绪上的。个别督导应该是建立在督导者与督导对象双方协商的基础上的常规督导会议，不论是督导者还是督导对象都不应在未做准备的情况下匆忙或慌乱地参加督导（Munson，2002）。督导地点应尽量选择舒适的、不被干扰的场所。个别督导的开展具有一定的流程，包括通用过程和结合具体督导实务模式设计的督导过程。例如督导者如果采取反思学习取向的督导模式，在个别督导的开展过程中，可能会采取"开始期——反思学习循环期（事件—探索—试验—评估）—结束期"的督导流程（Davys，2001）。不过，笔者获取的访谈资料和观察资料显示本土督导者在开展个别督导时，很少采取多样化的专业督导模式，个别督导过程中也缺乏明确的督导流程或程序，而更多的是围绕工作任务展开的偏向任务中心取向的督导过程。任务中心取向的督导过程更强调效率，目的是提供一个解决问题的方法。该过程中，督导者会更直接地分享自己的信息、指引方向（Caspi & Reid，2002）。虽然许多督导者会开展个别督导，但由于执行规范化的个别督导较为耗时、任务成效较低，在满足制度规范的条件下，个别督导反而成为次要的、被动选择的督导形式。这一方面是基于督导需求和效率的考量；另一方面则是由于督导者自身督导技术的获得经历以及本土督导知识发展滞后。

1. 根据问题而灵活安排的个别督导

督导者 S8 在谈论如何判断是开展个别督导还是团体督导时表示会根据督导议题去选择督导的形式，先通过工作汇报筛选议题，之后根据个别问题和共性问题选择督导形式。个别督导主要处理的是个人问题，包括工作上的、情绪上的，比如当督导对象提出来需要单独沟通时，就要安排个别督导。

> 采取个别督导还是团体督导，我会根据本次督导议题来选择。一般来说，我每次去督导时，都是要先听他们（督导对象）的工作汇报。看有什么问题，然后针对性地开展督导。如果有些是共性的议题我就会挑出来放到团体督导中去培训。个别督导就是了解他的情绪状况，有没有什么不开心的事，以及他的个人工作开展情况。如果是个别性的议题，可能就会个别谈一谈。有的督导对象可能他要谈的是私事，他会私下里单独请教你。（S8-SZ201804）

问答式督导是本土督导者和督导对象个别督导过程中的主要互动形式，这种互动形式因督导对象的问题状况不同，督导时长和互动的主动性也会发生变化。

> ……就是像我同事他做的项目比较多，督导者可能先跟他谈项目方面的，但我这边就可能只是做一些实务性的，特定人群的，就不做项目，督导时差不多是一个我问他答的过程。（W5-SZ201804）

督导者 S11 提及他根据督导对象有无问题、问题的难易程度对个别督导的时长作出灵活处理。这一灵活处理的方式能够适应不同的社会工作者（主要包括业务熟练的社会工作者和新手社会工作者），避免对不同群体开展督导时的失衡局面。S11 认为对于业务熟练的社会工作者而言，他们本身可能就已具备一定程度的自我督导能力，如果循规蹈矩地对其督导反而难以达到理想效果。而对业务上不熟悉或刚入门的新手社会工作者来说，他们则可能需要固定流程的、更系统化和现场化的督导服务，但可能随着业务的逐渐成熟而要求督导服务的方式发生一定的改变。

> 我一般都是把督导安排在到 9 点 50 左右或 10 点左右，如果是个别督导的话正好两个小时就到午休时间了。当然不是每次督导都一定持续两个小时，分情况，一些（督导对象）问得很简单，有些时候半个小时就搞定了，但是有些时候问题多，或者比较复杂，可能就督导得久一些，这个时间不固定。我的督导方式很轻松，我每次都和督导对象说你们有问题，就按照机构的行政流程，把督导的议题发给我看一下，然后我准备一下怎么回你，假如说你没有（问题），那也没关系，我们就现场聊聊。（S11-SZ201804）

2. "自己人"情境与偶遇式督导

对于从一线社会工作者晋升上来内部督导者，社会工作者通常视其和自己属于"朋友""同工"或"主管"的关系。由于同处一个雇佣机构中，并且都"浸泡"于实务与行政工作中，这使得督导更容易关注工作中的具体问题（童敏、史天琪，2017）。本书进一步发现，督导者和督导对象同处一个办公空间时，"自己人"关系也会催生形成灵活的督导安排，而非规范地遵循督导程序。需要澄清的是，这一"而非完全规范地遵循督导程序"不同于"不遵循督导程序"和"去程序化"，而是指在保留主要内容的前提下，对督导的固定或文本程序删繁就简，以达到保留精义并快速、高效率地满足"熟人"状态下的督导需求。

> 他们会事先把他们的需求告诉我。其实我们督导的话有一个事先的安排，虽然我们（机构）没有这么严格要求，如果按督导班（的要求）还会写很多议题，这个是相当规范的。但是因为自己人就没必要了，一般来说是让他们提前把这个需求告诉我。（S13-GZ201804）

访谈对象 W12 提到，她入职 8 个月实际接受的正式督导次数只有两次，其余的督导她戏称为"偶遇式督导"，即趁着督导来她所在的社区服务中心办公的时机去解决困惑。对于 W12 来说，她并不认同这种"偶遇式督导"，但身边其他同工和督导者已经达成了这种随机督导的共识——"心照不宣的默契"，W12 不想做不合流的那一个。同时，因为 W12 自身对专业能力提升有迫切的期望，她利用这种偶遇式督导的次数又很频繁，她自己表示"其实如果把这些碎片化的督导时间都算进去的话，我也觉得也满足（制度）规定的时长了"。W12 戏称的"偶遇式督导"，根据她的具体描述，其实频率是非常高的，但她依然觉得正式的、经过准备和约定的督导会议是不可替代的。

> 因为督导（者）大部分时间来我们社区的时候不是来督导的，他只是来工作的。因为他是来做自己的工作，你去问他问题，确实是他能给你解答就很好了，这也是一个很灵活的指导形式。但我觉得我们社会工作者做的是一个情境性的工作，就是你任何一个经验或者问题，都是与你当时开展服务的某种处境中的问题连成一串的。如果只是刚好督导来了，我刚好有一个问题，但我这个问题情境是不连贯的。所以偶遇时我突然问一个问题，他（督导者）当时可能即时想到什么就给我抛出个答案，但他其实还没有进入我的经验，他也没有进入督导的状态，我也一样，我也没进入督导的状态，感觉督导过程是不连贯的。其实我能感觉到他没细心地关注我的经验，他给的答案当时可能看似是可行的，实际我去尝试时，可行性却很低，也许就是因为缺乏连贯督导过程来了解我的服务过程和实际情况吧。（W12-SZ201804）

W12 认为社会工作者的实务工作是情境性的、经验式的，实务中遇到的问题经常是当时某种处境下的连贯事件。经过准备的正式督导，督导对象会将自己的实务问题和经验进行整理，督导者也会对督导对象提交的议题做一个设想。经过准备的督导会议与偶遇式、问答式督导的根本差异在于"督导者是否准备好了对督导对象保持耐心、尊重、接纳和不批判"的态度——这也是社会工作服务过程中的基本价值原则。并且,对于督导对象来说,用心准备的过程本身就是一种支持。

> 如果是在正式的督导过程中,我们双方都会提前准备,督导者也会根据我预约的问题进行思考,然后去协助我。就是一种经过考虑的互动吧! 我是这样理解的。在正式督导时我能感受到反馈和真诚交流问题的感觉,就是我能感受到对于我面对的问题,他(督导者)真的有所思考了。所以这种督导用心准备的过程,对我来说,这是一种支持。(W12-SZ201804)

在个体互动情境中,规范取向个别督导所强调的开展督导会议的要素——预约、准备、时长等——在实际执行过程受到督导关系、日常接触频率等主观性因素的影响,使得个别督导方式执行起来具有很大的变通空间。尽管问答式督导、偶遇式督导等督导方式也能提供针对性的指导,但仪式感和存在感的缺乏使得这些具有主观选择色彩的督导形式无法完全替代正式督导的功能。

3. 打破界限的"创新"

个案工作是社会工作专业的三大方法之一。个案工作一般是由社会工作者与服务对象进行的一对一的服务介入过程。在个案介入过程中,社会工作者将倾听、反馈、回应、同理、面质等实务技巧和恰当的理论模式相结合,帮助服务对象解决问题或困扰。访谈对象 S17 成为督导者的第二年,她负责督导的一名新手社会工作者遇到了疑难个案。S17 对这名社会工作者进行了个别督导,向该社会工作者传授了个案面谈中如何处理服务对象的情绪问题的实务技巧,但督导效果并不理想。

> 我成为初级督导者的第二年,我督导的一个社会工作者手头的个案她处理不好。印象最深的就是当时没有办法的情况下,我做出了一个大胆的尝试。这名社会工作者是一名新手社会工作

者,她面对的个案(服务对象)是一位四十岁左右的女性,(服务对象)面临着亲子教育和夫妻关系方面的困境。与社会工作者督导时,社会工作者说她的困扰是如何有效地回应服务对象、如何能与服务对象聊下去。她与服务对象面谈了两次,但基本上毫无进展,都是基本信息的重复了解。并且服务对象情绪很容易激动,讲到一些不如意的事情就会哭泣。社会工作者感到手足无措,很怕第三次与个案面谈时,依旧没有进展。(S17-SZ201804)

在个案工作过程中,社会工作者常遇到的难题便是自身较年轻,资历尚浅,工作经验也不足,难以对比自己年长的、生活阅历丰富或以家庭关系问题解决为主要需求的案主做出高效回应。

　　我就在督导过程中跟她讲解一些如何倾听服务对象的故事、服务对象讲述过程中互动和回应的技巧,并且演示给她当有情绪的时候怎么恰当地安慰、怎么去引导。但她(督导对象)一直跟我说这些是没有用的,她知道这些,但她面对服务对象时,就是想不到、用不出来。她当时督导时就说太难了,没办法。(S17-SZ201804)

当传统的个别督导没有发挥理想的专业技巧传递效果时,S17打破了督导会议中只有督导者和督导对象的壁垒,她邀请了服务对象共同参与督导,并且尝试用亲自演示的形式去直接向社会工作者展示她的处理方法。

　　后来我就非常大胆地想了一个方法,我对她说,下一次督导之前,你和你的个案一起过来,约一下个案,提前告诉她,可能你的督导(者)要跟她面谈。我让督导对象也在场,就是说我会跟督导对象的个案面谈一次,然后让她在现场做一个观摩者。当然这个情况是很凑巧的,就是因为我之前刚好也在这个督导对象服务的社区做过一线社会工作者,然后这个个案参加过我开的活动,这个个案也是认识我的,所以很顺利地把个案邀请过来了。在督导现场,我就直接跟这个个案做了一次面谈。督导对象在现场观摩时才发现她自己回应不到这个个案的原因可能是自己在这个个案进行当中，服务对象的一些表述方式与她母亲有些相似，她与母亲的关系影响到她跟这样一个年长的女性服务对象接触时的感受，无法以开放的心态去理解服务对象的感受，也就很难做到对服务对象出现的情绪的无条件地接纳。(S17-SZ201804)

亲自示范是一个"大胆"的方法，是因为要面对专业实践中的伦理考量，S17 也提到自己在选择是否进行这个尝试时的"伦理挣扎"。

实际上就我个人来说，其实不太建议督导者直接去参与督导对象的服务介入过程。其实这个是不太好的，有一点违背了专业上说的督导是做间接（服务）的，还有就是打破了服务对象和社会工作者建立起来的专业关系，这样的一些基本的原则吧，因为这毕竟还是督导对象的个案。(S17-SZ201804)

在 S17 的督导知识体系中，督导是一种间接服务方式，即督导者不直接接触督导对象的服务对象，不与服务对象建立直接的专业关系。S17 之所以突破了伦理界限而选择这种尝试，与她的从业经历相关。她提到自己在做一线社会工作者时，包括成为督导者后，没有人去"手把手"地传授实务技巧，而成为督导者后，也缺少对如何做一名督导者以及专业督导过程应该是怎样的深入了解。她感到迷茫，更多的时候是她自己去探索、去尝试。

因为在我做督导时，也没有很多人来带领着我学习要怎么做好一个督导，很多东西都要靠自己去探索，什么是有效的。所以这也是我自己想的其实是挺大胆的一个想法。我想可能通过这个（亲自示范）的过程，督导对象在这个过程中的学习就要比那些模拟个案啊、一些现场模拟等更真实，然后她（督导对象）对个案的理解会更多。(S17-SZ201804)

在上述案例中，个别督导形式由督导者与督导对象延伸至督导对象的服务对象,督导者替代督导对象与服务对象面谈,面临的风险是可能会打破督导对象与服务对象的信任关系。这种督导形式的产生不是基于专业伦理和专业规范作出的明智选择,而是在督导者遭遇于专业训练和资质获取时未曾发生的事项时,根据自身经验、经历去探索的督导形式,突破了传统督导的界限。在所信奉的理论和行动策略产生冲突时,督导者在遵循伦理要求还是追求督导成效之间出现了选择困境,而督导者的过去经历很大程度上推动了督导者选择后者。

(二)项目化服务与团体督导形式的分化

虽然督导内容和需求会促使督导者对督导形式的拓展和创新,但这并不是导致督导形式多样化的唯一因素。在实践中,受项目化服务形式的影响,团体督导更多的是督导者针对同一服务片区中的社会工作者开展的工作会议,或某个服务项目团队在项目执行过程中面临的问题和困惑的指导。在具体形态上,团体督导可以分化为团队督导、培训式督导和多方会谈三种形式。

> 因为现在社会工作服务多是项目购买的形式,虽然督导人数配比目前是按社会工作者人数来拨的,但是我们(去社区)督导的话,不可能只督导一个社会工作者,肯定要整个团队一起来,方便了解工作进展,共性的问题可以一起解决。(S7-SZ201804)

> 其实一线社会工作者们需要督导去解决的问题有些是共性问题,所以先找到共性的,集中解决。如果其中发现普遍存在又比较重要的问题,我又会把它单拎出来,之后开展培训督导。(S8-SZ201804)

此外,团队督导也承担了部分沟通协调的作用,特别是在多专业、多部门合作的服务项目中。在 SN 慢病院社区精神健康社会工作服务项目实施过程中,一线社会工作者刚被派驻到服务的社区康复中心时,督导者开展了包括一线社会工作者、社区康复中心的精防医生以及社管中心相关工作人员在内的团队督导。

　　　小班的就是片区式的,也有督导。片区式督导主要是想让社
管中心(管理社康中心的一个部门)也了解目前社会工作者的一些
疑惑,给他们一个参考,怎么去给这些社会工作者定位。督导安排
就是让三方(购买方、管理方、服务方)有一个沟通交流的渠道,社
会工作者、社康的精防医生就坐在一起,如果相互之间有什么问
题,就给他解答。除了系统(指基本公共卫生系统上的精神疾病患
者访视跟进系统)使用问题之外,其实我们更多的是了解社会工作
者的想法,以及社康医生就社会工作者的到来对他自己的工作安
排的影响。(S10-SZ201901)

　　传统意义上的团体督导由心理治疗模式中的案例讨论会发展而来
(Munson,2002)。在团体督导过程中,参与督导的成员们主要针对实务过
程中遇到的类似问题展开讨论,通过成员间相互分享经验,达到学习和支持
的目的。在团体督导过程中,督导者与督导对象之间同样要遵守保密、平等
对话、坦诚分享等原则。团体督导的优点是分享相似的工作经历和解决问
题的方法、为督导者和督导对象提供在不同形态的关系中相互观察的机会
(Kaplan,1991;Kadushin & Harkness,2002),团体督导可以分散督导者与
督导对象因组织中权力不平等带来的压力,也鼓励表达对督导的不满
(Kadushin & Harkness,2002)。根据笔者的观察和访谈对象的反馈,当团
体督导被项目团队督导或培训式督导分化替代时,团体督导的许多功能相
应地就被分解掉了。例如,当共性问题的探讨转向集中培训时,团体督导提
倡的督导对象之间的互动,以及鼓励自由表达的功能则被隐藏。

二、督导流程的简化

　　专业脉络中,督导流程(或称为督导过程)可以分为长期性的,随着督导
对象的能力和工作经验的提升而不断改进的督导过程,如建立督导关系、签
订督导协议、开展督导会议、评估督导成效,也包括督导者与督导对象开展

督导会议时的程序,如 Shulman(2010)的互动模式是这种类型的典型代表。他将督导的流程划分为四个阶段:准备阶段、开始阶段、工作阶段和结束阶段。

　　在调研过程中发现,督导者倾向于将督导过程简化为具体的督导会议流程的描述。督导者从岗前培训(一般是督导者培训班)中学到的督导安排技术是多数本土督导者开展督导会议时的参照。这个安排包括督导准备工作和督导议题范围,督导准备工作包括督导对象提交督导议题、双方预约督导时间和地点。

　　　　每个月月初的时候会安排督导时间,一般提前 2 到 3 天,把自己的督导议题发给督导者,双方再确认一下督导时间和地点。(W11-SZ201812)

　　　　督导时间安排发给大家确认后,他们(督导对象)会提前一周把自己想督导的议题发送给我。督导时我会根据(督导对象)发的议题,有针对性地重点谈一下,另外的话,就是了解一下这一个月的实务工作进展,同时审阅一下文书工作。如果再有一些计划外的事情,就补充说明一下。每个月基本都是这样对当月的工作情况进行一个总结。(S23-SZ201812)

　　新手督导者更在意督导流程的规范化,而有一定经验的督导者则倾向于督导会议的多变性和灵活性。不过,在督导会议期间如何把控督导议题的进度,更多的是依靠督导者的自身经验和所处情境的要求,督导会议持续的时间也具有随意性和随机性。

　　新手督导者 S16 会运用固定的督导流程,如在督导前、督导中和督导结束时,都用相对固定的督导引导语;在督导前会提前一周收集督导议题,然后利用一周的时间去准备相关资料、可利用的资源等。

　　　　其实我感觉有个固定的流程应该会比较好,就是会比较有那种专业督导的氛围,像是营造专业督导的"仪式感"。但实际上我感觉整个过程比较随意。差不多是我问他答的一个过程。(W7-SZ201804)

　　根据访谈对象提供的督导记录表,在督导前,督导对象需要准备的事项包括:一是上一次督导后至今的工作总结;二是分享上述工作经验,评价自己的表现;三是对日后工作提出建议;四是与社会工作机构、用人单位、督导助理及同工在合作上的感受和建议;五是其他有助督导效果及服务表现的讨论事宜。督导对象一般参考以上几点,再联系实际遇到的问题,列出建议督导内容并提前反馈给督导者。除了以上几点外,一些督导者会根据自己对培养社会工作能力和提升服务质量方法的理解再额外安排一些督导过程中的固定议题。如社会工作者 W7 在描述她与督导者面谈的大概流程时提到,她的督导者有意培养社会工作者对"时事热点"的敏感度,要关注"社会事件与政策解读",因此,对政策敏感性的培养就成为她的督导者的督导重点。

> 　　这个督导记录表上的内容其实只是我们督导工作的一项。这个表格只是对你这段时间实务工作中遇到的、想要问(督导者)的问题提供一个方向性的指引。其次,我感觉督导(者)她自己有一个流程,就是说她在对我督导时,她有一个交流的顺序。一般来说,就是让我先进行上一个月的工作汇报,然后问我遇到的问题。之后,会跟我们讨论下近期的时事热点。因为督导(者)比较想要培养我们对社会事件的关注这一能力,因此,她把时事热点的讨论也当成了她督导的一个重点。最后她会审核一下这一两个月的工作中需要签字确认的事情。(W7-SZ201804)

　　总体而言,本土督导者和督导对象对督导前准备工作的执行是比较统一的,包括督导时间的确定和督导对象对督导议题的提前反馈。但督导过程或者说督导会议的执行过程则比较松散,体现在督导者的个体选择上和督导过程中,以及专业督导时间与行政工作时间共用(如签字确认、检查)等。此外,督导者在诸如督导时间、地点、形式、过程等督导规则的制定上有高于社会工作者(督导对象)的话语权。

三、其他常用督导形式

(一)实地督导

实地督导也称为现场督导,指督导者到社会工作服务场域中观察,但在社会工作者服务过程中,督导者不参与或干预社会工作者和服务对象的活动,在服务结束后再进行沟通交流。相对于督导对象向督导者汇报或交流,脱离了社会工作场域的流程化的督导方式,实地督导更有助于督导者对督导对象经历的问题做出整体性把握,对实务问题的形成、发展和演变的历程也有更深入的体验和理解,对督导成效的提高有事半功倍的作用。

> 一般都是针对新手社会工作者我才会去现场实地督导。他们的第一场活动或者开第一个小组,只要时间上允许我都会去参加,当然在现场当中我不会说什么,我一般一句话都不会说,我就在那看。等活动结束之后我会跟他分享我"看到了什么",比如看到了哪些状况或者哪些可以改进的地方。(S21-SZ201804)

这一点上,新手社会工作者 W12 比较赞同。W12 入职初期接受过实地现场督导,即她的督导者观察 W12 开展服务的过程并进行记录,在督导会议中讨论服务过程中的问题和感受,给予有针对性的互动和反馈。这一督导者直接参与到社会工作者实务场域的行为,使督导者获得了直观、鲜明的信息,比之督导对象转述的信息更有利于理解督导对象的实务处境,也有利于督导工作的开展。

> 其实我跟我的督导虽然实务领域都是老年群体,但即使都是老年群体,每个人的问题是千差万别的。如果我们都拿同一个东西(服务设计)去对待不同的人(指服务对象),那就没有办法达成相互理解了。所以,如果他(督导者)没有接触过我的服务场景,就没办法很好地理解我所说的问题为什么会存在,因为可能这个问题在他的服务场景来说是不存在或者很容易解决的。像我刚来

时，其实督导（者）最开始采取的督导形式还是很好的。他（督导者）会去我开活动的活动现场观察，去记录我的活动过程，然后提供一个指导。我感觉这种现场指导是很有用的。因为我们去传达（问题）的时候也是有一定的偏差的。特别是我刚来的时候，进社区没多久，社区的很多特点和可以利用的资源我自己都没完全摸清楚。而督导通过现场指导的形式，或者是真正地深入到社会工作者的服务场景，其实就是真正地深入到社会工作者的实践经验当中了，这样督导者才能更好地理解为什么有些看似容易解决的问题却让社会工作者陷入困惑。（W12-SZ201804）

对于新手社会工作者，不论督导者还是督导对象都偏好采用实地督导的形式。在这种形式中，督导者可以最直接的观察到新手社会工作者的工作适应情况和服务过程中的把控能力，发现新手社会工作者在服务介入过程中的优势和不足，以便及时进行调整并给予指导。

（二）文书督导

文书督导也是本土督导者日常工作职责的一部分，它既包括行政职权上对一线社会工作者所提交的项目执行计划的授权审批，也包括专业层面对督导对象的服务介入记录的审视和指导。文书督导侧重对社会工作者（督导对象）在服务过程中所留下的工作记录、表格、问题总结等"痕迹"作出回应，即以督导对象的文本记录替代或配合其口头表达的方式实施督导。然而，由于文书督导对督导对象的理论功底、写作水平或临场记录能力等要求过高，相对难以适用于所有社会工作从业者。有部分督导对象，出于工作便利、缺乏书写环境或为自己减轻负担等原因，而没有养成文本记录的习惯，这也使得文书督导实际上难以开展。但显而易见，作为一种有效的补充性督导方式，文书督导仍有其不可替代的现实作用。

比如说一些文书，我现在也要做文书督导，我们是当面督导完之后也要对他们的一些文书做些批注。（S15-SZ201805）

有一些社会工作者可能自己学的东西没过关,可能本科嘛,自己学的东西比较浅,理论可能就是过了一下,根本还不清楚怎么去用。所以在写个案用的理论、个案介入的策略时,他们很多人写的就是"3月10日去他家面谈",就没了,就这样。因此也要看他们记录的文档。所以我现在把表格改成"介入策略是你用的理论或者你的个案的服务模式是什么样的",不是你去面谈、微信啊、电话啊,这类的形式。他们写得比较多的就是几月几日面谈。他们有时会先入为主,套用一个理论。但你在做的时候、做的过程中会发现,其实很多个案要多种理论模式去结合的,没办法从头到尾只用一个理论,可能是一个理论作为一个主要的,其他的去结合辅助着使用。(S3-XM201710)

(三)远程督导与文书督导

随着技术手段的发展,远程督导的使用并不罕见。远程督导是指督导者和督导对象运用互联网、电话等现代通信设施进行的非面对面的督导形式。当督导者和督导对象身处不同地点时一般会采取这种督导形式(Rousmaniere & Renfro-Michel,2016)。由于远程督导突破了时间和空间的限制,相对于面对面的督导,远程督导具有省时省力、高效便捷的优势(Cook & Doyle,2002;Mo & O'Donoghue,2019)。但其缺点也十分明显,一些非言语信息和提示很难识别,而且非面对面的督导也可能会增加伦理风险(Armstrong & Schineiders,2003)。在大多数督导情境中,远程督导虽然有工作地点相距较远的地域因素的考量,但选择远程督导很多情况是一种单方面的折中选择,缺乏有效互动。换句话说,未涉及实质上的督导过程,也缺乏固定的频率。访谈中的社会工作者都认为远程督导只不过是走个形式。

大部分网络交流,时间和主题一般由督导选择,是不会征求社会工作者的意愿的,(我的)心态是应该要配合领导工作。(W19-SZ201812)

其实我们机构的督导基本是提交督导记录表，写上问题、过程记录，督导回答问题（文书），面对面的督导比较少。（W6-SZ201804）

由于督导者普遍具有高于督导对象的行政职权，同时要审查督导对象的工作表现，及时回应督导对象的需求请示，这就出现了一部分督导者和督导对象间默许的"形式上的督导"，而远程督导、文书督导无疑成为这种"形式上的督导"最喜欢采用的督导形式。

第二节　情境要求与督导主体的差异化期许

一、督导频率、督导需求与实践落差

对社会工作者的适当督导应保持固定的频率，这对更好地掌握社会工作者的实践能力和实务状况具有重要作用（Jones，2006；Kavanagh et al.，2002）。一些研究建议根据社会工作者的职业自主性和他们的专业经验选择督导频率，但至少应该保证每月至少一次个别督导，对于新手社会工作者，督导会议的开展应该更频繁一些（例如每隔一周一次）（McGregor，2011）。澳大利亚社会工作协会规定根据社会工作者的工作经验实行差别化的督导频率和时长（见表 5-1）。此外，许多研究发现表明，社会工作者及其督导者应在督导关系的最初阶段（并根据需要持续进行）就督导频率、内容和形式坦诚协商，以使社会工作者获得精神支持和坚定的信心（Jones，2006；Kavanagh et al.，2002）。深圳市社会工作协会规定督导者每月必须为督导对象提供至少一次面对面的个别督导，每次督导时间不少于 2 个小时，以及每月至少一次不少于 2 个小时的团体督导。

表 5-1　工作经验与督导频率和时长的关系

工作经验类别	建议最低督导频率	建议督导时长
拥有两年及以下工作经验的社会工作专业毕业生	每两周一次，督导形式至少一半为个别督导	60 分钟
进入新领域的社会工作者，或者重新回到工作状态的社会工作者	每两周一次	60 分钟
拥有两年以上工作经验的社会工作者	每月一次；对于一些不直接与服务对象接触的社会工作者可降低频率至每季度一次	60 分钟
社会工作的实习生	每 35 小时实习需要 1.5 小时的督导；督导形式至少一半为个别督导，必要时可以增加非正式督导的频率	

资料来源：AASW. Practice Standards for Social Workers：Supervision，2014.

（一）符合制度规定

督导者的督导安排也多是依据协会制定的行业规范。从访谈和观察中笔者发现，督导频率包括两个维度：其一是密集程度，即频繁或不频繁；其二是根据督导时间安排的平均分布程度，可以分为固定频率督导或非固定频率的督导。

> 个别督导的次数根据考核指标及社会工作者的需求而定；团体督导的话我是定期开展，一个月一次。（S31-SZ201812）

> 就是按制度要求的规定。我一个月差不多个别督导和团体督导都要有一次，一次两个小时。（S21-SZ201804）

> 深圳市社协对督导年度考核要求里是有规定初级督导对一线社会工作者的督导频率的，督导者每个月至少要有一次跟你所负责的一线社会工作者的面谈，就是每个月至少要有一次一对一的个别督导。不过也不是所有的一线社会工作者你都按这个规定

来，因为一线情况都太不一样，像刚入职的社会工作者督导频率可能更频繁一点。（S19-SZ201812）

虽然督导者的督导频率安排基本都是根据专业协会的要求而设置，但在实际工作场域中，督导形式和频率与制度要求存在一定的落差。由于诸多客观障碍因素和主观障碍因素的存在（例如，机构事务的安排、机构对督导的定位，以及督导者自身工作经历的分配、督导对象的实务经验、督导对象的督导意愿），实际上督导形式或督导频率难以完全按照规章要求去落实。

> 社协（社会工作者协会）对初级督导的考核要求规定个别督导的频率是固定的，但是有的人肯定做不到。有很多原因影响（督导频率），比如负责的人数太多，或者机构赋予的一些其他职能的工作太多，等等。其实中级督导也很难满足定期督导，因为中级督导很多都已经是机构的总干事或者副总（干事）级别的了，行政工作多，时间少。（S7-SZ201804）

> 每个月的督导次数不太固定，有需要的话可能就随时电话或邮件沟通了。如果一切都进展顺利的话，可能一两个月也不会有特别的督导安排，除非在开工作例会的时候会碰到（督导者），就简单说一下（最近的情况）。（W16-SZ201805）

可见，在督导频率的执行上，许多时候是根据督导者的个人情况灵活安排或落实的。然而，不论是制度上的规定还是专业实践指南的建议，都指出保证稳定的督导频率的重要性以及不规范的督导频率可能带来的损失——影响督导对象问题的解决进程和解决质量。那么，为何督导对象接受灵活而非固定的督导频率安排呢？

（二）期盼督导与逃避督导

督导对象 W12 是一名老年领域的新手社会工作者，至笔者对其进行访谈时，W12 刚成为社会工作者 8 个月。这 8 个月间，她认为能算作正规督导的次数只有两次。她判断是否属于"正规督导"的标准为是否具有正式预约的督导时间、督导时长是否符合协会的制度规定,以及督导者是否与她就实务过程中遇到的专业问题展开探讨等。W12 的经历表明了新手社会工作者对正式督导的期待,而督导者未能保证稳定的督导频率及时提供督导时,新手社会工作者的直接感受如下:

> 因为是新手,很多状况需要我们去熟悉,更何况还是像我们这种(工作),刚入职就要马上去接触一堆陌生人,我们的服务对象最开始都是陌生人。因为在前几个月确实没有接受很正规的一个督导形式,个别督导也好,团队督导也好,基本上没有,所以有时觉得缺乏支持,总有一种迷茫的感觉。虽然中心的其他同工会帮我熟悉工作,但因为社会工作岗位基本都是"一个萝卜一个坑",每个人负责的群体和工作内容几乎都不同,所以他们能帮的也有限,服务还是要自己去琢磨,还是要自己去慢慢地接触潜在的服务对象。所以说刚来的那几个月感觉很迷茫。到下半年,我要开一个小组(工作),终于有机会可以单独跟督导者详细地聊一聊。通过那次督导,我比较清晰地梳理了之前的工作以及接下来要做的工作。我感觉定期接受督导是很必要的,但是这样的时间和机会太少了。
> (W12-SZ201804)

相对于新手社会工作者来说,一些工作经验较丰富的社会工作者对督导需求没有那么强烈,接受督导反而占用了很多时间,因此一些与督导者关系较熟悉的社会工作者就与督导者达成了"逃避督导"的协议。

访谈对象 W12 的同事 W13 具有 5 年工作经验,一直在青少年领域开展实务工作。W13 不喜欢接受督导肯,觉得督导与开会没什么差别,无非是换了个形式进行工作汇报,实务工作也没有什么需要督导指导的,因为他们本身关注的领域也不一样,他的督导者主要关注的服务群体是老年人。但是因为按规定督导者每个月要有一次督导,W13 与他的督导者达成了"互相节省时间"的逃避督导策略——W13 来"写"督导记录,督导者不安排个别督导。

由此可见，虽然政策层面对督导频率作出了要求，但组织层面缺乏实质的监督机制，导致督导者和督导对象可以根据自身意愿"钻空子"。更值得关注的是，督导对象的督导需求具有明显的差异性，但相关制度则仅制定了相对普遍化的基础标准，而没有考虑到督导直接受益个体的个体经验差异。当督导者与督导对象的实务领域和实务经验不匹配时，督导反而成为双方眼中多此一举的任务。

> 我理想中的督导是有固定的督导时长和频率，根据不同（职业）发展阶段的社会工作者设计不同的成长规划，不论是专业知识和技能方面的，还是职业规划方面的，我觉得都需要考虑到社会工作者的服务领域和服务经验的差异，有一个具有执行效力的督导规划或者规定。因为机构缺乏一个管理督导的机制，评估督导时也是督导者自己按照社协的规定去提交材料。那如何督导、何时督导基本全凭督导（者）自己来做主。（W12-SZ201804）

督导对象的经验不仅在于工作经历或实务技巧的熟练程度，熟人社会带来的便利性和人际资源也会影响督导对象的督导需求。访谈对象 W17 开展服务的场域恰好是她生活的社区，熟人关系给她的实务工作开展带来极大的便利性，因不需要督导者来协调与合作方沟通的问题，相应地，W17 对督导的需求较低。

> 督导一般是说社会工作者碰到什么难处、不知道怎么解决时，需要督导来帮忙。但目前我还没有碰到特别难的问题需要督导（者）去处理。我十多年都没有离开这个环境，家就在这附近，我与这边的社区工作人员、领导、社区刑警都很熟悉，俗话说熟人好办事，所以我基本是很融洽地处理任何问题，这对我的工作发展特别有帮助。不像有的社会工作者对周围环境很陌生，可能需要很多支持。我可能不怎么联系督导（者），督导者也不经常找我，除非是要交记录表了。（W17-SZ20181210）

(三)"压力源"与"图便利"

由前文中一线社会工作者 W12 的描述可知,组织层面缺乏正式督导规章制度会导致督导双方的消极怠工心态。那么,在具有督导规章制度的组织中,是否就可以摆脱这种情况?访谈对象 S1 所在的厦门市新阳社会工作服务机构在 2016 年开始尝试制定较为详细的督导规章制度,包括对督导工作内容、督导形式、督导频率及时长的规定(见表 5-2),并且要求督导者根据自己的督导特点和督导对象的实际工作需求,制订相应的具体督导计划。

表 5-2　新阳社会工作服务机构督导安排

类型	个人督导	集体督导	文档回复	实务参与
时长(总计)	1.5 小时	2 小时	1 小时	1.5 小时
频率	每月 1 次	每月至少 1 次	每月 1 次	不定期

督导工作内容包括三项:一是实务指导,包含具体专业知识的分享学习、服务的设计指导和建议反馈、工作经验的传递和专业价值观的建立等;二是情绪疏导,指在社会工作者遇到困难和挫折时给予支持,协助其进行情绪的宣泄,引导其理性思考;三是督导的行政管理工作,包含人事安排、工作审批和绩效考核等。督导形式包含个人督导、集体督导、文档回复和实务参与四种类型。个人督导是一对一的面谈。集体督导是以片区或区域为单位的会谈,可以穿插在片区或区域会议中进行。文档回复是通过批阅社会工作者的文档来进行督导,通常以网络、电话沟通为主。实务参与是初级督导通过现场观察或直接示范的形式对社会工作者进行督导。根据机构中初级督导的配比,结合不同督导形式的特点,对单次督导时长及频率做出安排。

督导者 S1 根据机构督导规则制度的安排,结合自己管辖片区社区的实际情况,制定了以下督导季度安排。以合同工个人成长计划为起点,讨论个人在专业实务、社区沟通、文书表达等方面的优劣势,对个人的成长计划提出改进建议;定期检视、讨论合同工在工作中的收获,关注合同工的成长细节;解答合同工提出的专业困惑,对于一些专业设计给出建议;合同工分享自己与社区工作人员、主管及其他合同工在工作关系上的感受并提出建议。

然而,在实际执行过程中,督导对象的配合度和主动性并不高。督导者S1认为,导致督导计划执行"失败"的原因是本应该作为工作支持源的督导成为必须要做的强制任务时,反而变成了"压力源"。

> 第一阶段以个人成长计划为切入点,一般是我主动和督导对象约时间,督导的频率相对稳定,但是实际项目实施过程中的督导就比较缺乏。第二阶段的安排是要求督导对象主动提供材料,和我约时间,但是目前为止只有一个督导对象参与了这个计划,其他几个督导对象配合度很低,因为感觉"督导"变成了一项任务。对社会工作者来说,我觉得督导这件事本身也是个压力源吧!(S1-SM201701)

此外,督导人数和督导地点的流动性对督导频率的规范化执行也有一定的影响。督导者和督导对象在同一个空间办公时,督导形式和频率都会变得随机,使得"督导记录"的内容也变得容易获得了,这间接提高了双方应对督导任务的便利性。

> 因为我们这个驻点离我督导家和机构都不远,所以他经常会来我们这儿办公,很多时候就直接做做督导,所以我们不缺督导记录,只不过得把随机督导集中到特定的"表格里"。(W7-SZ201804)

> 有时候就是跑不过来,因为督导对象的时间、督导者的时间都要协调,还有就是督导负责的人数,比如像我们督导,他一个人负责21个社会工作者,然后这些社会工作者还都不在一个片区,其实地完全跑完个别督导的时间都是挤了又挤的,当然这里边也存在一些"划水"的情况,不一定是督导"划水",有的社会工作者也不愿意督导。(W12-SZ201804)

从以上个案描述中可以发现,在督导者与督导对象的直接互动情境中,因"图便利"而采取的形式化督导广泛存在。虽然新手社会工作者和新手督导者都有较强烈的"按规定办事"的参与督导意愿,但现实情境中的种种因素导致督导实践的执行程度和督导对象的督导需求远远低于专业脉络中的理想情境要求。

二、工作经验、现实利益与督导模式

在第四章笔者提到督导者会根据督导对象所处的组织情境特征和位置选择督导策略,除去督导对象所在的位置因素,督导对象自身的服务领域和工作经验的差别,也会影响督导者对督导内容的选择。同样,处于职业不同发展阶段的督导者和其擅长领域也会对具体督导内容产生影响。不过,从督导内容来说,督导基本涵盖三类主题:第一类是服务项目方面的指导、操作和实施;第二类是微观服务技巧;第三类是服务过程中情感界限的处理。沟通交流、协调资源等技巧是个别督导者会有意关注和培养督导对象的内容。

(一)经验差异与督导者的指导模式

督导者 S3 在督导中,督导内容经常是围绕着"项目"展开的,但对不同经验的社会工作者他会有不同的关注点,对于新入职的社会工作者,在督导会议中他会指导具体技巧,对于有一定经验的社会工作者督导时他则会关注项目的整体规划。

> 新入职的就是怎么写策划书啊,已经有经验的就是要告诉他要关注项目的整体性,就是项目的写作,一般我会从项目的写作(开始),然后项目的年度规划,包括项目整体和社区的结合、融合,还有怎么去和各个合作方打交道。还有比较多的,就是有的项目会遇到瓶颈,因为我自己也会遇到瓶颈,所以我会注重培养他们去提炼一些经验性的东西,这也是督导要做的,就是怎么从你的项目

中去提炼,把你的项目的成果提炼出来。(S3-XM201710)

不仅是项目方面,而且在微观技术层面,督导者面对新手社会工作者时,也会更多地直接指导和给予答案,即告诉他"怎样做"。例如,上一节中S17的案例也提到,她在督导新手社会工作者时,选择了"亲自示范"的方式,直接为督导对象演示面对个案时应该怎样做。督导者S21提到他在督导新手社会工作者时,更强调社会工作者要对自己的能力和情感投入有"界限感",因为很多新手社会工作者服务过程中会出现过度的情感付出现象,导致他们在处理个案时易产生"无力感"。

> 一个入职不到一年的社会工作者,遇到一个个案,她很想去帮助这个案主,但限于手里掌握的资源,还有一些其他方面的资源不具备,她(社会工作者)帮不了她(服务对象)。这个社会工作者就非常难过,情绪非常不好。督导时我和她一起去跟进这个个案。当然在这过程中我就给她灌输服务对象的困境,有时不是说社会工作者全部能解决的,我们的社会也要有一些突破。你目前可能感觉服务对象的问题你一个也解决不了,但没关系,我们梳理看看她(服务对象)面临哪些问题,我们可以思考下是什么原因限制了我们去帮助她。这样一个个来,我和这个社会工作者一起梳理,最后梳理出12个问题。在我看来,当一个新手社会工作者如果有这样一个不切实际的期待时,或者是当他过度放大社会工作者的能力和自己的能力时,他们就会感到压力很大,也会感觉到强烈的无力感,觉得自己什么都做不了。(S21-SZ201805)

精神健康领域的督导者,要更加留意防止新手社会工作者过度的情感卷入,这主要是出于自我保护方面的考量。一位精神健康领域的新手社会工作者在一次督导过程中,向督导者诉说她的工作量和状态,督导者指出她面临的潜在问题以及反馈给她自我保护的技巧。

> 督导对象:上岗一个月,已经面访了几十个(精神疾病患者),

有精分(精神分裂)、双相(双相情感障碍)、精神发育迟滞等患者。患者家属向我哭诉,一个家庭有两个(患者)的很多,父女是精分,(母亲)天天被骂,(母亲)感觉承受不了。他们有很强的倾诉欲,哭诉什么情况发生才导致这个病症,(我)自己快承受不了。(L-OS-SN201901)

> 督导者:你现在的面访已经和(精神科)医生不同了,你已经卷入了别人的生活,一定要避免过度介入,过度的介入会出现耗竭的,你也不想这样不是吗?现在是保护自己的方式:可以听,但是要忘掉它,如果忘不掉就过度卷入了,你要知道服务对象的问题、困难这些不是你引起的。如果有小事情是可以帮助的,帮一点,但是别做太多的心理疏导,别答应太多,你现在不是心理治疗师更不是精神科医生,保护自己是前提。(L-OS-SN201901)

相对于向新手社会工作者直接提供指导和答案的情况,对于有一定经验的社会工作者,督导者的督导内容更偏向反思性和启发性,鼓励创新。

> 他们(有经验的社会工作者)的话,我的督导重点其实基本上是会集中在服务思维的训练上。因为一些工作比较久的社会工作者形成了自己的思维模式,这可能会导致他们在设计服务项目和开展服务时受思维定式的影响,做重复的事。所以我希望可以帮他们突破思维定式,鼓励他们去创新,鼓励他们突破舒适区。(S13-GZ20180418)

在督导者看来,突破思维定式也是对服务对象负责的表现,因为社会工作者的价值观强调个别化原则,每一个服务对象都是独特的个体,每一个服务方法也都应该是从服务对象自身的特点出发,哪怕是相似问题也不能不经考量地做同样化处理。因此,社会工作者要谨防思维定式导致的惯性服务方式的应用,否则有可能会违背个别化原则。

概括而言,对于新手社会工作者,督导者在督导过程中更倾向采取直接指导的形式传递服务经验或技巧,尽量避免由陌生领域或经验不足引发的"无力感"和倦怠情绪。对于有一定经验的社会工作者,督导者则更倾向采取引导、促进反思的方式进行督导,培养督导对象的分析、思考和批判性反思的能力。在这种取向的督导模式中,督导者更多的是抛出问题而不是提供答案(Deal,2003;Leitz,2010)。

(二)基于成本——效益考量的创新能力培养

同时是机构管理层的督导者 S13 从人力资源管理的角度,提出了已经工作多年的社会工作者所拥有的潜在风险,比如安于现状造成的人力成本增加。据此,他认为在与老员工的督导中,要在专业价值观和专业伦理的审查方面持续加强,鼓励创新是激发老员工持续成长的一个动力。

> 有些时候,老员工的话,就是我们中国也有个词,有时候可能某种程度上等于"老油条"嘛,对吧? 可能会出现这种问题,就是"当一天和尚撞一天钟",那如果他有这种倾向的时候呢,我觉得你还是要经常引导他回归初心,不要走偏,因为有时候他对很多套路就是评估的套路他都熟悉,作为督导者有责任防止他偷懒钻空子。但是如果他出现一些这样的情况,还是得激发他去学习一些新的东西,比如让他去学习一些前沿的专业理论知识,或者是让他在这个服务模式上面去做一些创新。(S13-GZ201804)

督导者在此时扮演的角色更多的是鼓励者,鼓励有经验的社会工作者做出更多的"创新",不论是在服务形式,还是在服务内容方面。鼓励去"创新",既是本土化社会工作及督导的应有之义和必由之路,也是个体互动情境中应对陌生问题时的临时方案。督导者 S13 提到创新的角度有很多种。

> 因为我们现在的社会服务还不像英美国家或者香港地区那么精细化,我们真的离那一步还很远。所以在这个过程当中我们可以激发同工,鼓励他在某一个领域组别的枝丫里面再做多一点点。如通过专业督导者的激发,让他去连接新的资源,或者是激发他把

这个服务模式创新，或者他做成了他所在的区域有一定影响力的一些小项目，那么我想其实对他本人来说也会获得价值感。虽然说是激励，但是这种激励不一定是物质的，而且我们能得到的、给到的（物质奖励）也十分的有限，所以可以通过督导鼓励他去做一些创新性的工作。创新有很多种，关系创新、制度创新、服务手法创新，他擅长哪个就鼓励他去进行哪方面创新。（S13-GZ201804）

创新能力的提升对于机构生存和维系已有服务项目来说是息息相关的，提升创新能力的目的一方面是预防重复工作可能带来的倦怠感或"混日子"的心态；另一方面是为了开创新项目或在原有项目中发现新的服务视角。

我带一个项目差不多 4 年，社区会要求你创新，（评估）专家觉得你做了很多年可以向深度服务延伸，就要求你现在做的项目可能要以个案为主。专家建议和社区要求就有些不一样，社区是要求你个案也要做，但小组和社区活动要更多。因为这个项目是第四年了，社区会问有没有新的方案，还有就是创新点在哪里，社会工作者很苦恼。一方面评估专家意见和社区要求可能经常是不一样的；另一方面，无所不在的创新要求经常让你不得不思考，怎么"创新"既能保证服务延续下去，又不至于陷入"为了创新而创新"的形式主义套路。所以在这个团队的督导中，我就更强调创新性，大家要经常头脑风暴，没办法，首先来说，项目要保下去，要持续下去。（S3-XM201710）

（三）"冲指标"与"抓重点"式督导

专业督导的作用之一在于提高实务工作者的工作满意度和服务成效，所以部分服务机构的管理层对督导的期望是可以提升一线社会工作者的工作效率，以应对非常时期的高任务量。从一线成长起来的督导者们对于任务指标的重要性、单纯对量化指标的追求可能对服务质量产生的影响都心知肚明,但他们往往采取折中的策略——先解决现实的问题,再考虑突破专业发展困境的方法。

> 坦白讲,很多时候,我们去到一个新的中心,第一个见面的不是督导对象,是这个中心的主任或者是服务/项目主任,他肯定会大概告诉督导希望在中心怎么去指导同事,他可能不一定完全是说在专业方面(的指导),而是你怎么能让同事快速地完成工作,是朝这个方向前进的。你应该也了解过,就是说现在很多家综类的项目基本都有个习惯——到了后面评估的时候冲指标。但冲指标这个做法是不科学、不符合专业规范的,而且这个对服务质量有很大的一个影响,但现实如此。可能我们现在都普遍存在对业务量的过度关注现象,所以时间比较宽松的时候,我想可以多关注下组织文化的建设,营造一个优秀的机构文化,其中一个必须培养的能力是集体的反思能力。需要机构内部有这种意识,因为你要组织去把这个团队的服务经验挖掘出来,把它提炼、再通过应用做到服务更迭,这样可能会摆脱盲目的忙碌现象。我觉得真的要有个激励法来形成一个具有反思意识的机构文化,敢于对服务过程进行审视。(S13-GZ201804)

为完成组织层面的业务要求,督导者会有意识地将组织发展层面的要求整合进具体督导实践过程当中。同时,对任务指标的重视,促使机构领导层根据组织的战略发展规划对容易产出业绩的实务工作提供重点督导。

> 在专业指导方面,我会比较关注一些特殊个案,还有一些可能会影响评估成绩的服务会重点关注,因为这个是非常现实的,可能会影响中心的发展。比如说,一些专项活动或者是一两个比较重要的大型活动,因为有些活动它可能是某个组别里面的,一个活动可以牵动这整组项目。还有些组别可能只是单向特殊人群的特定需求的服务,就像我们中心的话有几个组是这样针对单项特殊人群的,虽然这类项目的规模和受益人群赶不上大型活动,但这类是

属于非常有特色的服务和活动，我花的心思也会多一点。（S13-GZ201804）

保障服务专业性与提高业绩并行是服务提供方和购买方都期待的双赢结果。督导者 S10 认为可以通过督导实践来满足双方各自的期待，发挥督导的绩效考核功能，通过督导实践来选拔业务能力较强的社会工作者，以分担体制内社会工作者的工作压力，同时通过培育重点的形式将优秀案例处理经验总结传播，转化为机构层面的成效荣誉。

因为听说市里今年年底还是明年年初要着手准备精神卫生社会工作者的一个分享会。领导层面就说希望可以培育出几个（精防）社会工作者，他们能在分享会上分享对其他人有借鉴意义或者有价值的个案，这也算是代表我们慢病院的一个服务成效和荣誉。所以我们想尝试设置一个考核等级，就是根据平时日常督导过程中的观察和社会工作者工作情况考核的成绩来分一个等级，比如说分成 A、B、C 三个级别。这样可以筛选一些比较好的社会工作者进行重点培养。我们不是有 ACT（主动式社区治疗）项目吗，就可以让达到 A 级的社会工作者逐步来帮我们承接部分工作。因为现在我们自己院内的社会工作者做这个的很少，但工作量很大，真的要达到要求，我们就两三个社会工作者（慢病院体制内社会工作者）去访视真的太累了。既然项目社会工作者他们已经在社区了，他们可以运用能运用到的资源，其实可能会比我们访视更多。如果他上手快的话，我们考虑可以把一些 ACT 部分的工作就交给他做了。这样社会工作者自己能做出重点个案，提炼一些服务经验。（S10-SZ201901）

第三节 个体互动情境中督导实践的问题与困境

一、情感支持的缺位

不论是从督导功能模式发展过程中,"支持"从一个重要功能演变为"督导的核心"(Hughes & Pengelly,1997),还是在临床督导实践模式中,"支持"始终是需要探讨的重要元素(Holloway,1995;Bernard & Goodyear,2012)来说,"支持"在督导过程中的重要性是毋庸置疑的。根据笔者所收集的资料,本土督导者与督导对象的互动过程中,情感支持经常被概括化为一个督导需要执行的任务内容,或者简单化为对社会工作者因工作引发的负面情绪的疏导。谈及具体的支持技巧时,接受访谈的督导者多数以"安慰""疏导"等专业性不明晰的词语来指代。矛盾的是,接受访谈的督导对象普遍表示实际督导过程中存在"情感支持的缺失"这一问题。

> 因为社会工作者行业普遍面临的现实问题,可能就是做的一些实务工作会有重复性。其实在我看来我们社会工作者做的和书本上学的千差万别,很多工作可能只是为了完成某些指标。现实中你开展服务,首先面对的是经费问题。经费经常是不足的,一场活动给你200块的活动经费限制,你很难去开展一些好的活动,活动的道具可能都不够。但是我又不想把开过的活动再开一次,那也没有意义。所以其实经常性的会因为工作产生消极的、负面的情绪感受。因为社会工作是助人职业啊,虽然有一些浑水摸鱼的、趁乱牟利的社会工作者存在,但我接触到的,特别是做了几年还坚持留在这个行业的,很多都是因为认同社会工作者的价值理念,相信社会工作者在当下浮躁的社会中是一种难得的利他性的职业。但现实就是不断地打脸,经常因为现实专业实践环境的不如意、因

为服务对象的问题、因为社区任意使用社会工作者等情况,都会造成不良情绪的积压。(W12-SZ201804)

W12坦言一线社会工作者在日常工作中经常承受着情绪压力,而督导者对社会工作者情绪敏感性的觉察能力不足,导致其很少主动关注社会工作者情绪方面的变化。

> 在这方面首先就是督导很少去(指导)……可能督导时有一些教育性的(内容),但是缺乏对社会工作者个人的一个关注度吧,可能也是我们没有主动。我在自己做那个访谈的时候,①也发现大部分督导者不会主动去关注社会工作者因工作带来的情绪,除非他(社会工作者)很明显地抵触这个工作,他(督导者)才会去做一些情感支持方面的辅导。不然,基本上都是主动找到他(督导者)才会做,可能督导者没有太关注这一方面。(W12-SZ201804)

对于遇到突发事件的社会工作者来说,没有获得及时、有效的督导支持会直接导致其工作满意度的降低,甚至引发情感耗竭而选择离职。

访谈对象W3是一名充满专业情怀的社会工作者,十分热爱社会工作行业,大学期间他原本就读的是其他专业,在大一参与的一次公益活动中了解到社会工作专业,他非常感兴趣,并在大二时主动申请转到社会工作专业就读。W3本科毕业后,在2015—2017年间作为老年社会工作者就职于厦门市朝阳(化名)社会工作机构,主要的服务对象是某社区的高龄老人。2017年初,W3的一名服务对象突然离世,使其受到很大的打击。W3接到消息时,及时向其直接主管(兼任督导职责,督导班学员之一)反映情况,主管了解情况后,当时未及时关注到W3的情绪感受。并且,在之后的片区工作会议中,其直接主管也未给予同工们表达自己对此事件感受的机会。W3在此事件发生一个月后选择离职,因为感受不到机构的支持和关怀(L-W3201712)。

---

① 访谈对象W12的本科毕业论文主题是社会工作督导制度实践,因此,她也曾对一些督导者进行过访谈。

W3 的遭遇警示我们,一线社会工作者(督导对象)在开展工作时,他们不是完全"去感性化"的参与者,而是始终具有情感色彩和共鸣感的,应随时注意督导对象由于服务对象问题所引发的情感波动和心理动荡,要把他们看成活生生的人,而非单纯的工作角色。一旦督导对象感到督导者对他们情感波动和心理问题的忽视,不仅可能导致其情绪问题继续恶化,而且还可能降低他们对督导者的信任和对社会工作专业价值观的信仰。进一步而言,由服务对象问题引发的督导对象情绪困扰,本就属于督导内容的重要部分,督导者不应视而不见或被动进行支持。

二、需求主体的被动性与督导中的价值传递

前文中许多案例表明,在专业理念层面、顶层制度设计和组织层面三个层面的工作安排上,反映出督导实践被期待会对社会工作专业服务质量有所提升,能为督导对象带来积极影响。然而,具体到督导者与督导对象的具体督导实践时,却展示出一些机构督导实践面临的尴尬境地——督导的形式主义、一线社会工作者对督导者的实际需求不强等突出问题。在前几章中,笔者探讨了受制度情境变迁和组织情境变迁交织影响下的督导者差异和胜任维度差异,以及落实到组织情境中督导实践面临的行政业务与专业指导之间的张力。虽然这些都会对督导对象的督导体验产生影响,但同样处于制度情境和组织情境要求下的外聘督导实践却很少触发督导对象的被动应对机制。通过资料的对比分析笔者发现,一方面,脱离行政业务的外聘督导者在督导过程中较少下达"指令式"的任务;另一方面,相对于督导形式,督导对象更看重督导者是否是"专业价值观的传递者"。

> 我感觉督导的价值观要强。如果说督导能力的话,我觉得可以分为三个层面:第一是价值观;第二是知识;第三是技巧。因为我也是受到香港督导(者)的启发,我发现我们:"来内地督导,许多社会工作者会问我'唉,督导,那个同理心怎么用? 那个什么技巧

怎么用？'都会问我技巧怎么用。但其实技巧不是最重要的。技巧
知道的少，可能是用得不多，不熟练。但技巧这个东西是可以练习
的。你不会，说明你练得少。同样，知识是可以学的，有时课本上
说得比我说的还好、比我说的还明白，你为什么不去看课本？说到
底是价值观的问题。"他的意思是，进入实务场域的社会工作者，如
果技巧和知识你都被动地等着别人教你，那说明你真正要面对的、
需要解决的是对专业价值理念是否认同、是否理解的问题。（W1-
XG201802）

专业价值观是专业社会工作的灵魂，也是专业社会工作存在的合法性
理由。当督导者受制于现实情境中的种种因素而未能践行专业价值观，或
者专业价值观被个人价值观所取代时，也难以将专业价值进行有效的传递。

督导最为根本的一点，我觉得首先就是要体现专业价值。社
会工作这个行业呢，有时候真的是一个以价值观为本的行业。可
能很多时候，我没从他（督导者）身上看到作为专业社会工作者的
价值取向或者说践行专业价值观，可能看到更多的是他的个人价
值观。可能每个人都有社会工作者价值观和自己的价值观嘛，但
是没有在工作中或者督导过程中去创设……把他应该具备的社会
工作者价值观表达出来，就是好像督导者没有注意去传达专业价
值观。可能专业价值观和我们的个人价值观有时有差异，但是在
工作中，作为社会工作者，我认为应该在上班的时候，言传身教，可
能对服务对象要用社会工作者的价值观。我觉得有时候督导者像
是引路人，所以期待可以在督导（者）身上发现行动的意义，或者说
期待榜样力量吧，希望可以给我们一个很好的价值传递的示范。
（W12-SZ201804）

社会工作者的日常实践中，社会工作专业价值观与多方利益和社会文
化认知相互交织，经常是模糊不清的，需要不断的作出反思和判断。由此，
社会工作者的工作被认为是具有情绪负担和认知挑战的工作。在某种意义

上，督导者协助一线社会工作者提升应对问题的能力、提供专业技能支持和情感支持，通过管理服务流程和监管服务质量来强调专业自治，进而促进专业利益和社会工作的合法性。因而，专业价值观对督导对象的督导体验具有重要意义。若督导者在日常实际中未能践行专业价值观，在督导对象看来，督导就会成为一项与其他具有类似工作内容、名称不同却本质上无差异的工作（如纯粹的工作会议或纯粹的培训工作）。

第四节　督导的形式与形式化的督导

本部分是对微观情境中督导实践的具体实施形式、频率、需求、模式和困境的探索。大体来说，个别督导、团体督导这两种主要督导形式依旧是多数督导最常采用和熟知的督导形式。但与专业规范和制度规定中的以"个别督导为主、团体督导作为补充"不同，本土督导者在采用个别督导与团体督导时没有明确的主次之分，而是尽可能完成制度规定下的两种督导形式各自的督导频率要求。甚至，个别督导有时是共性议题筛选后对个别问题解决的补充形式，而非专业知识脉络中强调的最主要的督导形式。这种差异的存在主要有几个原因：一是督导对象的时间安排所影响，当前本土督导普遍面临着专业督导时间受到挤压的情况，相对于个别督导，团体督导一对多的方式更节省时间；二是受服务方式的影响，正如第三章所提到的，当前我国社会工作服务的主要推广方式和服务方式是项目化服务，运营方式倾向于项目管理，开展的服务以团队合作式的项目服务居多，对团队督导的需求也随之增加。在实践情境中，个别督导和团体督导两种主要的督导形式在督导主体的个体因素（如督导对象的经验、督导议题的难易程度、督导主体的时间和地点便利性等）和情境因素（如项目化的服务承接方式、组织的任务、指标和效率要求等）的交织影响下，各自衍生出不同的运用特点和类型分化。

督导形式和督导频率的灵活调整是我国督导实践的一个鲜明特色。实地督导、远程督导、文书督导等非传统意义上的辅助性的督导形式也活跃于督导者与督导对象的具体督导实施过程中,甚至辅助性的督导形式间接地成为"形式化的督导"的主要工具。在督导实施的频率方面,呈现出应付制度规定、督导的形式化、非固定化的督导安排等特征,反映了督导对象对督导需求的差异化期许现象。一方面体现出督导者在专业实践环境中对督导技术的创新和探索;但另一方面也反映出现阶段督导的专业性、专业规范的不完善问题,导致督导的形式主义倾向,以及制度的"弱周边视觉"带来的实践中的灵活性和可变通空间增加,给予了形式化督导得以形成的机会。虽然制度认同发展和使用多样化的督导形式,但并未对使用的伦理规范和操作原则做更进一步的解释。这一方面表现在实际运用中,督导者可以灵活选择督导方式;另一方面很难对"专业督导"中的"专业"维度达成共识。换句话说,到底什么样的督导是"专业的",缺乏操作维度上的共性判断。

　　在对督导者实施督导的模式和策略差异进行考察时发现,具体表现在:督导者依据督导对象自身的服务领域和工作经验的差别,选择不同的指导方式。对于新手社会工作者,督导者更倾向于直接提供指导和答案;对于有一定经验的社会工作者,督导者更倾向促进督导对象的反思。作为依托于具体组织情境下的微观督导实施,面对组织情境要求,督导者更多的是依据个人的情境经验——通过对情境要求下的专业实践需求的回应经验——来指导督导对象,将成本——效益的考量、业务指标的考量等影响组织生存和发展的因素融入具体督导实施过程中,演变为基于现实利益考量下的督导模式。

　　本章中贯穿始终的一条"暗线"是督导主体对督导意愿的差异化期许。可以看到,在专业发展脉络中展现出重要意义的专业督导实践,落实到最微观、最基础的督导者—督导对象的互动情境时,却遭遇到许多"排斥"。如督导意愿不强、达成共识的"逃避督导"现象和形式化督导等。这些问题引发的反思是,为何在专业脉络中展现出具有重要意义的专业督导实践,在专业要求和制度规定的双重规制下,却面临着被动性实践的困境? 在本章第三节中,笔者从情感支持缺位、需求主体被动性与专业价值传递缺失等几个方面去审视个体互动情境中督导实践的被动性难题,发现当督导实践缺乏专业价值理念共享的支持性维度时,就会"沦落"为毫无专业特性的、冰冷的、以达成成效为目标的工具。

第六章　胜任困境与情境胜任力
的生成机制

　　本书是将社会工作专业实践中的重要环节——专业督导——置于制度、组织与督导相关主体关联交织的督导实践情境中展开分析,关注专业督导实践的主要行动者(督导者)在动态变化又不断交错博弈的督导实践情境中的胜任力生产过程。一方面,它打破了以往对胜任力研究的情境客观性和胜任力的"结果"取向,而是将胜任力作为一个连续体,将情境与行动者个体都纳入理解社会工作督导者胜任力的生产机制之中;另一方面,突破以往社会工作督导研究对情境的单一化理解——对不同层次情境间要求的转化与督导实践形态的作用关系的探索不足。在第二到第五章的论述中,笔者对督导实践的制度情境变迁、制度支持到组织实践的联结过程、督导实践的组织情境特征及督导者的工作职责构成,督导者与督导对象组成的微观实践情境中专业督导的开展方式、督导模式等内容进行了详细阐释,即构成督导胜任力的几个要素——角色、知识、技能和价值态度——在行动者与情境互为作用下产生的样态。可以发现,督导者的胜任策略依据情境要求变化而处于灵活调整状态。同时,不同情境本身构成了督导者胜任力实践的一部分,它们既是督导者胜任力得以施展的空间场域,也是对督导胜任力起着形塑作用和制约作用两方面影响的根本因素。在本书结尾部分,笔者将归纳和提炼主要研究结论,并反思本研究的不足之处,提出需要进一步深入探讨的相关问题。

第一节　情境胜任力的生成机制与发展路径

本书所探讨的社会工作督导者胜任力在国内还是一个相对较新的研究领域，对于社会工作督导而言，以往的研究更多围绕督导在专业实践中的作用和位置（如对督导功能和督导角色的讨论）、督导实践中的权力关系、督导知识体系建构等主题开展探讨。之所以将胜任力纳入专业督导研究的范畴中，是基于现阶段社会工作督导发展重要议题的提出与地方社会工作督导实践的多样性、督导知识传递和督导研究滞后性等多重问题的考量。换句话说，笔者将胜任力纳入督导研究范畴的"私心"是想窥探在"应然"与"实然"的落差之中，督导者是如何建构自己的行动策略的？在专业督导实践普遍缺失（专业教育中专业督导知识的缺失、实践领域中专业督导人才不足、督导机制不健全）的环境中，督导者的胜任力是如何逐步生成的？

从已有文献资料来看，胜任力研究者们在发现和探索胜任力的内涵时，就已经关注到情境与胜任力之间的密切关系（LaDuca，1980；Stanto，1989；O'Hagan，1996；Boon & Klink，2002；Zhdanova，2013）。根据专业胜任力的内涵，社会工作督导者作为专业实践者，其理想的胜任力达成状态应该是将知识、技能和价值转移到实践情境中。根据专业胜任力的动态性特征，专业胜任力是不断向专业知识和规范趋近的过程，据此理解，具有专业胜任力的实践者在实践中应该是追求专业共同体所建构的专业规范和价值体系、运用专业教育所学的专业知识与技能，基于此，通过将知识技能、价值与实践情境的整合，而达成的理想状态（见图 6-1）。

然而，围绕着实践情境与社会工作督导者实践策略的探讨，笔者发现，社会工作督导者在实践过程中始终面临着胜任困境——他们可以完成工作绩效和业务考核，但完成工作的过程不一定满足/符合专业共同体及个体的专业实践期待；抑或是符合专业实践规范，但要面临着工作绩效无法达成的风险。也就是说，社会工作督导者胜任力的指向对象是复杂的，理想状态下

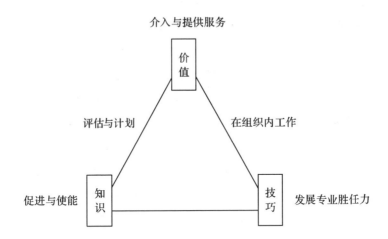

图 6-1 社会工作专业胜任力支柱(O'Hagan,1996)

资料来源:O'Hagan, K. Social Work Competence:An Historical Perspective. Competence in Social Work Practice:London, Jessica Kingsley Publisher, 1996:9.

是多方绩效目标具有一致性,但在现实情境中,受制于所处情境与行动者对情境理解的差异性,往往会导致多方绩效目标(或者说对胜任状态的期待)不一致。基于对我国社会工作督导实践样态的分析,将引发胜任困境的因素总结为以下几点。

一是制度落实的时空条件差异性。在社会工作督导实践个案中,专业督导者们"诞生"在制度变迁的历程中,生长在社会工作专业自主性较弱的环境中。顶层制度设计是推动专业督导落实到组织中实践的催化剂。然而,在具体执行过程中,不同地区间的专业发展阶段和地缘差异,包括同一地区内社会工作服务机构的类型差异、督导者与督导对象的专业素质差异,都会引起从制度落实到组织实践的偏差效应,进而导致具体督导策略的选择困境(遵循制度规范还是情境便利)。

二是多方组织要求与角色期待差异。社会工作督导实践并非发生在理想时空中的技术实践,现实实践情境的流动性使督导者"穿梭"在多个组织情境中(例如最为常见的情况是督导者同时在社会工作机构和社区中开展工作),而受组织文化、行政架构、业务范围等多因素影响,不同组织对督导者的角色期待存在差异,影响专业实践者的工作职责与任务分配,当分配不均衡的情况(如行政业务挤压专业实践精力)出现时,即会引起胜任困境。

三是个体互动情境中的专业期待差异。督导者与督导对象的直接互动情境是对督导专业胜任力是否达成最直接的考量——督导是否促进督导对象与服务对象有效实践的达成。若督导者与督导对象对督导实践具有一致性的看法与需求,则在个体互动情境中可以逐渐趋近专业胜任力状态。然而,在自主性较弱的专业中,个体对专业实践的期待因现实生存困境和自主实践条件限制等,往往会受上两条因素的影响而出现胜任困境(如被动督导现象)。

根据已有专业胜任力的内涵,当胜任困境出现时,专业实践者即降格为不胜任的实践者,这可能会将专业实践简单化为"规范化"与"非规范化"的对立。而忽略当胜任困境出现时,专业实践者所采取的"权宜之计",发挥——介于一般胜任力与专业胜任力之间的——情境胜任力。情境胜任力的目的既非对组织工作绩效和个体业绩的盲目追求,也并非专业实践规范的达成,而是实践者在模糊情境中发展出来的"以适应情境为首要目标"的胜任力,其生成逻辑是在平衡专业化与情境化过程中产生的胜任困境应对机制。也就是说,专业实践者在探寻既可以满足情境要求又可以符合专业规范的过程中,发展出的实践特征和行动策略——往往是暂未被列入"专业性"范畴的个体经验或默会知识。

概括而言,情境胜任力是介于纯粹的绩效胜任力和专业胜任力之间的过程,这一过程可能会趋向两条发展路径:其一,情境胜任力的有效实践(专业化与情境化达到有效平衡)最终可能会促进知识生产,以突破当前理论与实践的鸿沟;其二,当情境胜任力过度偏向专业化或情境化其中一方时,可能会再次陷入胜任困境,或成为脱离现实情境的专业共同体内部封闭式的知识生产循环,或妥协为追求现实利益的工具,而忽略专业实践的伦理关怀和社会责任。

第二节　情境胜任力作用下的督导实践样态

囿于社会工作起步较晚的客观问题，我国社会工作专业督导总体上还处于探索和适应阶段，各地在推动社会工作督导发展进程中带有强烈的"摸石头过河"特色。鉴于中国和西方发达国家之间、国内不同地区之间存在十分显著的区域性差异，经济环境、文化环境、社会环境的区别，都决定了作为"舶来品"的社会工作难以完全遵循固有的技术规章文本展开，必须将清晰化、简约化的专业技术与复杂化、多元化的地方情境充分结合起来。考虑到我国社会工作实践情境的普遍性和特殊性，本书将情境操作化为纵向的顶层设计层面的制度情境、督导业务层面的组织情境、具体督导层面的个体情境三个层级——形象地将社会工作督导实践与实践情境的关系建构为同心圆状的多层嵌入行为——与横向的更广阔地域范围的总体巢状督导嵌入体系（见图 6-2）。也就是，在总的督导体系内部，不同行政地域间的督导及情境因素保持相对独立性的同时，又具有趋同性，表现在由境外督导向境内督导、先进地区向滞后地区、外聘督导主体向内部督导的趋同趋势。而督导者的胜任力在三个情境层级的多层嵌入、互动交织中得以产生和发展，最终落实到具体督导实践行为特征中。

从督导实践的制度情境来看，督导实践基本经历了非专业化时期行政总体性掌控（1949—1978 年）、专业萌芽时期依托社区向服务性实践倾斜（1978—2004 年）、专业化时期愈加注重专业化与多元化倾向（2006 年至今）三个阶段。随着制度环境变迁尤其是国家政策方针的不断调整和境外督导经验的输入，呈现出技术专业化增强和技术模式化减弱的双重朝向历程。简要地说，作为民生发展规划的重要项目，社会工作督导的成长根本上受到了我国政策先行的影响，主要属于一种自上而下推动的强制性制度变迁结果。"国家—社会"关系的调整与行政力量的激励和规制，促生了我国社会工作督导与西方自发型社会工作及其督导实践的明显情境差异。需指出的

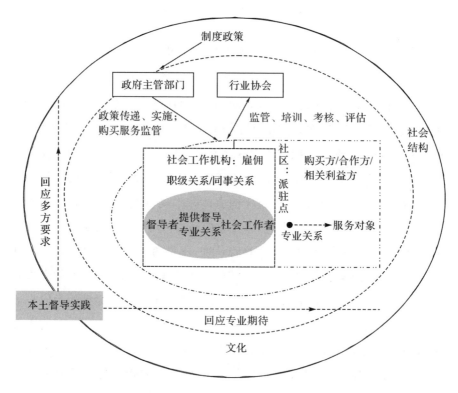

图 6-2　社会工作督导的实践情境与胜任路径

是，尽管已有制度支持是影响国内督导者督导行为的重要的外部制度要素，却也并非内生性根源。

　　国内社会工作机构对政府资源的过度依赖和自身独立性的不足，致使组织情境中的社会工作督导存在着督导者身份获得困惑、督导者多角色张力、业务边界不清等情境因素推动的处于不断建构之中的三大突出表现。受制于组织情境的制约，督导关系并非建立在规范性的督导契约之上，而是由专业关系、行政关系和私人关系相互支撑建构的。具体而言，督导实践很大程度上属于社会工作机构基于现实生存角度的考量，而非从专业技术角度考量出发，对督导者角色作出的灵活性应用和策略性安排，形成了组织内部行政与专业督导界限不清、督导关系中的"强行政—弱专业"弊端等显性问题。在这里,社会工作督导尽管没有"生存"在行政性社会工作为主的特殊历史时期,却深刻地打上了组织内部行政管制的烙印,与行政性社会工作时期拥有一定的相似处。

督导者与督导对象的个体互动情境是督导的专业技术或专业过程的集中表现,亦是督导实施嵌入由行政资源、社会工作机构、私人关系等交织的微观场域之后表现出的最终实然样态。微观督导实践的灵活性是现阶段督导的一大鲜明特色,既表明了我国督导者在实践环境中对督导技术因地制宜的创新和探索,同时也反映出督导实践在专业性建设、专业规范构建等方面的不完善,以至造成了督导形式主义,以及为应对现实环境的策略化督导现象。督导者需具备专业实务技能、情绪支持、资源管理、人事管理、矛盾协调等多样性素质,用以满足不同场景、不同社会工作者、不同服务领域的差异化需求。这些结构性因素建构了高度情境化的微观督导行动,督导者一方面总体上遵循制度要求展开工作,另一方面又根据情境条件策略性地进行督导实践——情境便利性督导,呈现出结构层面的制度化督导向情境层面的策略性督导转化的趋势。

在宏观制度情境、中观组织情境和微观个体互动情境交织下,督导实践成为一种"流动的情境实践",作为专业共同体的督导者主要采取"策略化实践逻辑",而这种实践逻辑又进一步强化了情境对督导实践的规范化要求的形成:在应然层面,督导者与督导对象期待且赞同督导过程中具有相对稳定的、尽可能是嵌入专业空间的纯粹的专业关系(督导关系),但在实然层面,本土规则使督导者与社会工作者的专业关系扩展为工作场域中的多边情境关系,督导者根据所嵌入的情境而策略性地采取督导行为,督导者与社会工作者的关系演变成一种错综复杂的多边博弈关系。这也产生了我国社会工作督导实践过程中的常见问题:一是督导职业伦理观与多重角色(行政部门与一线社会工作者的中介者、管理者、社会工作者的"自己人"等"全能型"角色定位)和经济冲动力之间的客观张力;二是行政资源对督导业务的牵制;三是机构管理层、一线社会工作者、督导者等对督导量化指标的追求,忽略了督导过程和胜任力连续的重要性。督导者胜任力的发挥受到具体情境条件的影响和制约,形成本土化督导议题中特征明显的情境便利性的督导现象。

第三节　局限与展望

　　本书的主要不足之处在于对胜任力本身的探索深度问题。由于在国内专业社会工作领域,胜任力属于外借的概念,加之笔者自身知识体系的不完备,对于"胜任力"的主要研究学科(如心理学、管理学、教育学等学科)的知识涉猎不足,难免会影响本书中对胜任力的概念和内涵的探索深度不足,以及不同学科之间的理解差异问题。本书主要将专业胜任力作为专业实践者在情境中践行专业实践、达到实践目标和工作绩效的过程进行讨论。从这个意义上说,情境胜任力既是解释情境如何对专业实践产生影响的中介机制——通过胜任实践,将情境要求变为实践过程,又是触发督导者如何将在具体情境中相遇的"西方社会工作督导专业知识/规范与我国地方性督导知识/规范"转化为督导策略。督导者的胜任力应对机制是多指向的——符合制度要求和专业规范、回应组织期待、满足督导对象需求等,如果缺少了对任何一个维度的详细分析,则很难对胜任状态作出明确的判断,继而可能导致所建构的督导胜任指标体系陷入"失之毫厘、谬以千里"的误区。基于此,本书并未对情境胜任力指标体系进行建构和测量。

　　另一不足之处是有关中国情境和西方情境的差异未给予充分论述,特别是对"西方专业实践情境"的处理,笔者采取了整体取向的解释视角,这会忽略西方专业情境本身是多元的、具有内部差异性的。但本研究的主要侧重点在我国社会工作督导的实践情境,视此情境为一个不同层面动态互动的过程,对被忽略的宏观、中观、微观的关联机制进行阐释。这一侧重点的前提假设是不论中国情境还是西方情境,二者各自内部都具有多样性。本研究关注中国与西方的情境差异,指出这种差异不仅体现在文化、宏观制度层面,还包括社会工作督导主体的组织处境和临床实践处境的差异,以及不同层次情境之间的关联路径差异。由于这些情境要求和不同情境间互动关联对本土社会工作督导者工作的职责、内容和角色提出特定要求，进而促进本土情境中不同实践情境、不同类型督导者胜任维度的差异，以及督导者为回应不同情境胜任要求而将知识转移到情境应用中的策略。

督导是现代化专业社会工作的必备要素之一，尤其是在当下全球化进程加快和中国经济社会迅速转型背景下，我国社会工作专业既不能抛开本土情境，亦不能完全脱离国际认可的专业属性，因此本土化督导就变得尤为重要。虽然目前国内制度认同发展且使用多样化的督导形式，然而并未对使用中的伦理规范和操作原则做出更进一步的解释，这就使得在实际运用中，督导者可以灵活地选择督导方式，却很难对"专业督导"中的"专业"维度达成普遍性共识。归纳地说，到底什么样态的督导才是"专业的"，至今依旧缺乏操作维度上的共性判断。尽管本书尝试着对本土情境中督导者的胜任力进行探索，但更倾向于分析督导者胜任力生成的情境性维度，至于要对具体胜任力指标体系开展建构工作，在当下诸多方面尚不成熟的社会工作督导发展状态下，显然是未来需要进一步探索的更大的挑战。

此外，亟须谨慎看到的是，国内地域之间的经济社会发展差距十分明显，社会工作督导形成的土壤还并非完全具备。不同地域、不同阶层、不同群体的人们对社会工作及其督导的认知、需求、评估等都不处于同一水平，这也导致很多地方行政力量推动下的社会工作督导实际上面临着"强行移植""水土不服"等一系列问题，缺乏与之相适应的社会环境，这是当社会工作界乐见"社会工作的春天"到来时应予以关注的。可以说，该问题既显示了社会工作督导本土化过程中所面对的重大困境，同时也恰好预示了社会工作督导在国内的广阔发展前景。联系到当前全国范围内持续深入推进的城市社区建设、空巢人群精神困境、乡村振兴和精准扶贫、农民工群体返乡创业、乡村留守人员关怀等宏大议题，可知社会工作及督导拥有不同于西方国家的施展空间和受众，这为新时代社会工作领域的从业者提供了历史性的契机，去建构、完善我国社会工作督导理论体系和实践规范，也为从业者带来了无先例可循、无成熟模式可借鉴、无教训可汲取的现实挑战。历史契机和现实挑战的并存，启迪社会工作督导研究者应具备从宏观制度层面到中观组织层面，再到微观个体层面对督导实践作出总体性把握的视野，将不同层面融会贯通起来，使微观具体的督导实践和所嵌入的多层情境充分联结，以探讨督导实践背后的发生机制，而这也正是本研究力图达到的目的所在。

参考文献

阿伯特.职业系统——论专业技能的劳动分工[M].李荣山,译.北京:商务印书馆,2016.

阿吉里斯,舍恩.实践理论:提高专业效能[M].邢清淯,赵宁宁,译.北京:教育科学出版社,2008.

陈向明.质的研究方法与社会科学研究[M].北京:教育科学出版社,2000.

戴维斯,贝多.社工督导:理论与实务[M].曾焕裕,刘晓看,译.台北:洪业文化,2016.

杜少臣.情境社会学:一个理论遗珠[N].中国社会科学报,2018-05-02.

樊富珉.我国内地社会工作教育:实习与督导的现状与发展[M].上海:华东理工大学出版社,2008.

方巍,单佳丽.专业化与福利多元:西方营利性社会工作发展及其启示[J].社会工作与管理,2015,15(3):5-11,87.

顾江霞.社会工作本土化过程中的督导关系分析——基于东莞H镇督导项目实践的经验[J].社会福利(理论版),2012(8):6-11.

郭名惊,杨巧赞,刘赤单,等.机构社会工作中督导的功能[J].社会福利,2010(6):38-39.

侯利文.社会工作人才培养模式研究——基于社会需求的视角[J].学理论,2013(24):84-85.

黄耀明.浅析社会工作专业实习督导的角色定位与技巧[J].社会工作,2006(9):22-24.

吉登斯.社会的构成[M].李庚,李猛,译.北京:中国人民大学出版社,2016.

卡杜山,哈克尼斯.社会工作督导:四版[M].郭名倞,译.北京:中国人民大学出版社,2008.

雷杰,黄婉怡.实用专业主义:广州市家庭综合服务中心社会工作者"专业能力"的界定及其逻辑[J].社会,2017,37(1):211-241.

李晓凤,黄巧文,马瑞民.社会工作督导的历史演进及其经验启示——以美国、中国深圳社会工作督导实务为例[J].社会工作与管理,2015,15(6):12-17,91.

李增禄.社会工作概论:增订五版[M].台北:巨流出版社,2008.

栗志强.错位:社会工作专业人才的"机构需求"与"高校培养"——基于郑州市的研究[J].社会工作与管理,2015,15(6):66-70,95.

林秉贤.台湾社会工作专业继续教育之生态与社会工作专业胜任能力之研究——以财团法人台湾儿童暨家庭扶助基金会为例[D].台中:东海大学,2016.

刘斌志,沈黎.社会工作督导反思:学习成为社会工作督导老师[J].社会工作,2006(9):35-37.

刘畅,袁易卿,孙中伟,等.中国社会工作动态调查(CSWLS2019):设计、实施与样本描述[J].华东理工大学学报(社会科学版),2020,35(1):1-32.

刘庆元,温颖娜."政府购买社工服务"中的机构诉求[J].社会工作(实务),2007(11):11.

卢磊,何辉.政府购买社工服务的方式:岗位购买与项目购买[N].公益时报,2018-08-21.

莫寰.女性创业胜任力的阶段特征及其与成长绩效的关系研究[D].杭州:浙江大学,2013.

潘桂芳.社会工作专业大学生就业意向调查与思考——以贵州省某高校为例[J].安顺学院学报,2017,19(6):72-76.

齐华栋,沈文伟.社会工作机构督导培养路径选择[J].社会工作,2012(8):31-33.

石亚,史天琪.社会支持视角下社会工作者职业倦怠研究[J].社科纵横(新理论版),2013,28(1):150-152.

童敏.社会工作督导基础知识[M].北京:中国社会出版社,2019.

童敏,史天琪.本土社工机构督导的层次和功能:一个探索性框架[J].社会工作与管理,2018,18(1):5-10.

童敏,史天琪.社会工作专业服务的本土框架和理论依据——一项本土专业服务场域的动态分析[J].中国农业大学学报(社会科学版),2017,34(3):102-109.

童敏,史天琪.中国本土语境下社会工作督导的内涵:项目实践中的自觉与自决[J].社会工作与管理,2019,19(6):7-14.

童敏,史天琪.专业化背景下社工机构督导的本土定位和分工——基于厦门A社工机构的个案分析[J].华东理工大学学报(社会科学版),2017,32(2):37-46.

童敏,张剑.社会工作基础知识[M].北京:中国社会出版社,2015.

汪建明,莫盈盈.政府购买民间社工服务模式研究——以深圳某社工服务社为例[J].中国民营科技与经济,2008(12):52-53.

王晴锋.沉默的情境社会学阐释[J].学术论坛,2015,38(10):97-102.

王晴锋.戈夫曼与情境社会学:一种研究取向的阐释性论证[J].社会科学研究,2018(3):122-128.

王思斌.中国社会工作的经验与发展[J].中国社会科学,1995(2):97-106.

王思斌.中国社会工作的嵌入性发展[J].社会科学战线,2011(2):206-222.

文军.当代中国社会工作发展面临的十大挑战[J].社会科学,2009(7):

66-70,189.

吴金凤.香港督导者与本土督导者的实践对比[J].湛江师范学院学报，2014,35(4):33-37.

韦伯.社会科学方法论[M].韩水法,译.北京:中央编译出版社,1998.

向荣.创新、共融、整合:突破当下社会工作教育困境的路径探索[J].中国农业大学学报(社会科学版),2017,34(3):79-89.

向荣.中国社会工作实习教育模式再探索——建立与完善实习基地及其督导制度[J].云南高教研究,2000(2):50-52.

谢敏.社会工作督导者与被督导者契合研究——基于广东省社会工作实践的质性研究[J].社会福利(理论版),2015(3):47-52.

薛琴,林竹.胜任力:研究溯源与概念变迁[J].商业时代,2007(31):4-5,61.

杨君,徐选国,徐永祥.迈向服务型社区治理:整体性治理与社会再组织化[J].中国农业大学学报(社会科学版),2015,32(3):95-105.

杨守涛.当前国内政府购买社工服务之研究的文献综述[J].重庆城市管理职业学院学报,2009(1):3-5.

姚进忠.社会工作实习督导模式的本土建构——批判教育学理念的引入[J].华东理工大学学报(社会科学版),2010,25(3):35-40.

姚泽麟.在利益与道德之间:当代中国城市医生职业自主性的社会学研究[M].北京:中国社会科学出版社,2017.

易松国."双核"支撑深圳政府购买社工服务[J].社会工作,2007(11):14-15.

余瑞萍.中国本土处境下社会工作专业实习督导方法与学生的专业成长[D].厦门:厦门大学,2008.

翟进,张曙.个案社会工作[M].北京:社会科学文献出版社,2001.

张会平.社会工作专业硕士毕业生的择业意向及影响因素研究[J].社会与公益,2018,98(11):56-60.

张洪英.中国社会工作实习督导模式的发展——以山东济南为例[M].济南:山东人民出版社,2012.

张洪英.中国社会工作督导研究的回顾与展望——以 1998—2015 年 CNKI 期刊论文为样本[J].社会工作与管理,2017,17(4):5-11.

张洪英,赵万林.中国社会工作督导评估体系研究[J].社会工作与管理,2019,19(6):15-25.

张莉萍,韦晓冬.中国社会工作本土化实践:督导人才培养研究报告——以珠江三角洲地区为例[J].华东理工大学学报(社会科学版),2011,26(6):8-15,30.

张铭,陆道平.西方行政管理思想史[M].天津:南开大学出版社,2008.

张威.社会工作督导的理论与实践分析:国际发展与国内现状[J].社会工作,2015(3):9-21,124.

赵玉峰.专业化还是职业化:重述社会工作发展史——基于职业社会学视角的考察[J].社会工作,2017(1):13-24,108-109.

周京.本土化社会工作督导制度建设思路与对策[J].中国社会工作,2018(4):29-30.

周晓虹.理想类型与经典社会学的分析范式[J].江海学刊,2002(2):94-99,207.

周雪光.组织社会学十讲[M].北京:社会科学文献出版社,2003.

朱健刚,陈安娜.嵌入中的专业社会工作与街区权力关系——对一个政府购买服务项目的个案分析[J].社会学研究,2013,28(1):43-64,246.

朱希峰.政府购买社工服务从"四性"向"四化"转变[J].社会工作(实务),2007(11):6-8.

American Board of Examiners in Clinical Social Work. Clinical Supervision: A Practice Specialty of Clinical Social Work[EB/OL]. (2004-10-08)[2017-10-12]. https://www.abcsw.org/assets/Position Statements/Clinical%20Supervision.pdf.

Adams D, Hess M. Alternatives to Competitive Tendering and Privatisation: A Case Study from the Australian Health Industry[J]. Australian Journal of Public Administration, 2000, 59(1): 49-59.

Alsop A. Continuing Professional Development：A Guide for Therapists[M]. Oxford,UK：Blackwell Science Ltd,2000.

Abramovitz M. Social Work and Social Reform：An Arena of Struggle[J]. Social Work,1998，43(6)：512-526.

Australian Association of Social Workers（AASW）. Supervision Standards[EB/OL]（2023-01-14）[2016-11-25]. http：//www. aasw. asn. au/document/item/6027.

Argyris C，Schon D A. Theory in Practice：Increasing Professional Effectiveness[M]. Hoboken：John Wiley & Sons,1992.

Beddoe L. External Supervisionin Social Work：Power，Space，Risk，and the Search for Safety[J]. Australian Social Work，2012,65（2）：197-213.

Beddoe L. Surveillance or Reflection：Professional Supervision in 'The Risk Society'[J]. British Journal of Social Work，2010，40（4）：1279-1296.

Bernard J M，Goodyear R K. Fundamentals of clinicalsupervision [M].Boston：Allyn & Bacon，2004.

Blyth E. The Professionalization of Social Work in England[J]. China Journal of Social Work，2009,2(2)：131-141.

Bogo M，Dill K. Walking the Tightrope：Using Power and Authority in Child Welfare Supervision[J].Child Welfare，2008，87(6)：141.

Bogo M，VaydaE J. The Practice of Field Instructionin Social Work：Theory and Process[M]. Toronto：University of Toronto Press，1998.

Bogo M. Achieving Competence in Social Work Through Field Education[M].Toronto：University of Toronto Press,2010.

Bogo M，McKnight K. Clinical Supervision in Social Work：A Review of the Research Literature[J]. The Clinical Supervisor，2014(24)(1/2)：49-67.

Bowers B，Esmond S，Canales M. Approaches to Case Management Supervision[J]. Administration in Social Work，1999,23(1)：29-49.

Bradley G，Hjer S. Supervision Reviewed：Reflections on Two Different Social Work Models in England and Sweden [J]. European Journal of Social Work，2009,12(1)：71-85.

Bray D. Social Space and Governance in Urban China：The Danwei System from Origins to Reform [M]. Palo Alto：Stanford University Press,2005.

Brieland D. The Hull-House Tradition and the Contemporary Social Worker：Was Jane Addams Really a Social Worker? [J]. Social Work，1990,35(2)：134-138.

Brown A，Bourne I. The Social Work Supervisor：Supervision in Community，Day Care，and Residential Settings [M]. Buckingham：Open University Press,1995.

Brown H C. The Knowledge Base of Social Work [M]. Thousand Oaks，CA：SAGE Publication Inc. ,1995.

Burke P. Risk and Supervision：Social Work Responses to Referred User Problems[J]. British Journal of Social Work,1997(270)：115-129.

Burns M E. The Historical Development of the Process of Casework Supervision as Seen in the Professional Literature of Social Work [D]. Chicago：The University of Chicago,1958.

Busse S. Supervision Between Critical Reflection and Practical Action [J]. Journal of Social Work Practice，2009，23(2)：159-173.

Burke W J. Competency Based Education and Training[M]. New York：Psychology Press，1989.

Calvert F L，Crowe T P，Grenyer B F S. Dialogical Reflexivity in Supervision：An Experiential Learning Process for Enhancing Reflective and Relational Competencies[J]. The Clinical Supervisor,2016,35(1)：1-21.

Carr L J. Situational Sociology[J]. American Journal of Sociology, 1945,51(2):136-141.

Caspi J, Reid W J. Educational Supervision in Social Work: A Task? Centered Model for Field Instruction and Staff Development[M]. New-York: Columbia University Press,2002.

Central Council for Education and Training in Social Work. Rules and Requirements[M]. London: CCETSW,1991.

Constantine M G, Sue D W. Perceptions of Racial Microaggressions Among Black Supervisees in Cross-Racial Dyads [J]. Journal of Counseling Psychology, 2007, 54(2):142-153.

Cook J E, Doyle C. Working Alliance in Online Therapy as Compared to Face-to-Face Therapy: Preliminary Results [J]. Cyber Psychology&Behavior,2002,5(2):95-105.

Cousins C. Becoming a Social Work Supervisor: A Significant Role Transition[J]. Australian Social Work,2004,57(2):175-185.

Connor A, Black S. Performance Review and Quality in Social Care [M]. Londn: Jessica Kingsley Publishers,1994.

Davys A. Perceptions Through a Prism: Three Accounts of Good Social Work Supervision: A Thesis Presented in Partial Fulfilment of the Requirements for the Degree of Master of Social Work at Massey University, Palmerston North, New Zealand [D]. Pamerston North: Massey University, 2002.

Davys A. A Reflective Learning Process for Supervision[M]//Beddoe L, Worrall J. Supervision: From Rhetoric to Reality. Auckland: Auckland College of Education,2001.

Dellgran P, Hojer S. Privatisation as Professionalisation? Attitudes, Motives and Achievements Among Swedish Social Workers[J]. European Journal of Social Work, 2005, 8(1):39-62.

Dill K，Bogo M. Moving Beyond the Administrative：Supervisors' Perspectives on Clinical Supervision in Child Welfare[J]. Journal of Public Child Welfare，2009，3(1)：87-105.

Egan R，Maidment J，Connolly M. Who Is Watching Whom? Surveillance in Australian Social Work Supervision[J]. British Journal of Social Work，2016，46(6)：1617-1635.

Egan V. Social Work Supervision Practice in Australia：Does the Rhetoric Match the Practice? [D]. Melbourne：University of Melbourne，2012.

Falender C A，Shafranske E P. Clinical Supervision：A Competency-Based Approach[C]. Washington D. C.：Amerian Psychological Association，2004.

Feldman Y. The Supervisory Process an Experience in Teaching and Learning[J]. Smith College Studies in Social Work，1977，47(2)：154-160.

Franklin D L. Mary Richmond and Jane Addams：From Moral Certainty to Rational Inquiry in Social Work Practice[J]. Social Service Review，1986，60(4)：504-525.

French J R，Raven B. The Bases of Social Power[M]// Cartwright D. Studies in Social Power. Ann Arbor，MI：University of Michigan Press，1959.

Goffman E. The Neglected Situation[J]. American Anthropologist，1964，66(6)：133-136.

Garavan T N，McGuire D. Competencies and Workplace Learning：Some Reflections on the Rhetoric and the Reality [J]. Journal of Workplace Learning，2001，13(4)：144-164.

Germain C B，Gitterman A. The Life Model of Social Work Practice [M]. New York：Columbia University Press，1980.

Gibbs J A. Maintaining Front-Line Workers in Child Protection：A

Case for Refocusing Supervision[J]. Child Abuse Review, 2001, 10(5): 323-335.

Gibelman M, Schervish P H. Supervision in Social Work: Characteristics and Trends in a Changing Environment[J]. The Clinical Supervisor, 1998, 16(2): 1-15.

Glazer N. The Schools of the Minor Professions[J]. Minerva, 1974, 12(3): 346-364.

Goodman N. Ways of Worldmaking[M]. Miami: Hackett Publishing, 1978.

Guttman E, Eisikovitsz, Maluccio A N. Enriching Social Work Supervision from the Competence Perspective[J]. Journal of Social Work Education, 1988, 24(3): 278-288.

Hair H J, O'Donoghue K. Culturally Relevant, Socially just Social Work Supervision: Becoming Visible Through a Social Constructionist Lens[J]. Journal of Ethnic & Cultural Diversity in Social Work, 2009, 18 (1-2): 70-88.

Harkness D. Testing Interactional Social Work Theory: A Panel Analysis of Supervised Practice and Outcomes[J]. The Clinical Supervisor, 1997, 15(1): 33-50.

Harkness D. The Art of Helping in Supervised Practice: Skills, Relationships, and Outcomes [J]. The Clinical Supervisor, 1995, 13 (1): 63-76.

Harkness D, Hensley H. Changing the Focus of Social Work Supervision: Effects on Client Satisfaction and Generalized Contentment[J]. Social Work, 1991, 36(6): 506-512.

Harkness D, Poertner J. Research and Social Work Supervision: A Conceptual Review[J]. Social Work, 1989, 34(2): 115-118.

Himle D P, Jayaratne S, Thyness P A. The Buffering Effects of Four

Types of Supervisory Support on Work Stress[J]. Administration in Social Work,1989,13(1): 19-34.

Hollis F. The Techniques of Casework[J]. Social Casework, 1949, 30(6): 235-244.

Hollis V. Practice Portrayed: An Exploration of Occupational Therapy Clinical Skills and Their Development[D]. Exeter: University of Exeter,1997.

Holloway E. Clinical Supervision: A Systems Approach [M]. California: Sage Publication Inc. ,1995.

Hough G. Enacting Critical Social Work in Public Welfare Contexts [M]//Allan J, Pease B, Briskman L. Critical Social Work: An Introduction to Theories and Practices. Queensland: Allen and Unwin, 2003.

Gray I L, Howe K. Effective Supervision in Social Work [M]. London: Learning Matters, 2012.

Hughes E C. Streesand Strain in Professional-Education[J]. Harvard Educational Review, 1959, 29(4): 319-329.

Hughes L, Pengelly P. Staff Supervision in a Turbulent Environment: Managing Process and Task in Front-Line Services[M]. London: Jessica Kingsley Publishers, 1997.

Hunter M. Solutions in Supervision[J]. Community Care, 1814(1): 14-15.

Jacquet S E, Clark S J, Morazes J L, et al. The Role of Supervisionin the Retention of Public Child Welfare Workers[J]. Journal of Public Child Welfare, 2008, 1(3): 27-54.

Jones A. Clinical Supervision: What do We Know and What do We Need to Know? A Review and Commentary [J]. Journal of Nursing Management, 2006, 14(8): 577-585.

Jones M. Supervision, Learning and Transformative Practices[M].

London：Routledge，2016.

Kemp S P，Whittaker J K，Tracy E M. Person-Environment Practice：The Social Ecology of Interpersonal Helping[M]. New York：Aldine De Gruyter，1997.

Klink M，Boon J. The Investigation of Competencies Within Professional Domains [J]. Human Resource Development International，2002，5 (4)：411-424.

Kadushin A. What's Wrong，What's Right with Social Work Supervision[J]. The Clinical Supervisor，1992，10(1)：3-19.

Kadushin A，Harkness D. Supervision in Social Work [M]. New York：Columbia University Press，2014.

Kaiser T L. Supervisory Relationships：Exploring the Human Element[M]. Pacific Grove，CA：Brooks/Cole Publishing Co，1997.

Karvinen-Niinikoski S. Social Work Supervision：Contributing to Innovative Knowledge Production and Open Expertise [M]. London：Routledge，2016.

Kavanagh D J，Spence S H，Wilson J，et al. Achieving Effective Supervision[J]. Drug and Alcohol Review，2002，21(3)：247-252.

Kissil K，Davey M，Davey A. Therapists in a Foreign Land：Acculturation，Language Proficiency and Counseling Self-Efficacy Among Foreign-Born Therapists Practicing in the United States[J]. International Journal for the Advancement of Counselling，2013，35(4)：216-233.

Kinsella E A. Constructivist Underpinnings in Donald Schon's Theory of Reflective Practice：Echoes of Nelson Goodman [J]. Reflective Practice，2006，7(3)：277-286.

Kolb D A. Experiential Learning：Experience as the Source of Learning and Development[M]. New York：FT Press，2014.

Ladany N，Friedlander M L，Nelson M L. Critical Events m Psychotherapy Supervision: AnInterpersonalApproach[M]. Washington, D. C.: American Psychological Association, 2005.

LaDuca A. The Structure of Competence in Health Professions [J]. Evaluation& The Health Professions, 1980,3(3): 253-288.

McClelland D C. Testing for Competence Rather Than for "Intelligence"[J]. American Psychologist,1973, 28(1): 1.

McGregor K. Supervision Lacking on Emotional Issues, Survey Finds [J/OL]. (2024-01-22)[2011-04-12]. https://www. community-care. co. uk/2011/04/12/supervision-lacking-on-emotional-issues-survey-finds/

McNamara P M. Staff Support and Supervision in Residential Youth Justice: An Australian Model[J]. Residential Treatment for Children &. Youth, 2010,27(3): 214-240.

Mena K C, Bailey J D. The Effects of the Supervisory Working Alliance on Worker Outcomes[J]. Journal of Social Service Research, 2007, 34(1): 55-65.

Middleman R R, Rhodes G B. Competent Supervision: Making Imaginative Judgments[M]. London:Prentice Hall,1985.

MoY H, O'Donoghue K. Nurturing a Budding Flower: External Supervisors'Support of the Developmental Needs of Chinese Social Workers in Shenzhen, China [J]. International Social Work, 2019, 62(2): 950-964.

Morrell M. External Supervision-Confidential or Accountable? An Exploration of the Relationship Between Agency, Supervisor and Supervisee[J]. Social Work Review, 2001,13(1): 36-41.

Morrell M. Supervision Contracts Revisited-Towards a Negotiated Agreement[J]. Aotearoa New Zealand Social Work,2008,20(1): 22-31.

Morrison T, Hathaway J. Staff Supervision in Social Care: Making a

Real Difference for Staff and Service Users [M]. Brighton：Pavilion Publishing and Media Limited,2005.

Munson C. Handbook of Clinical Social Work Supervision[M]. NewYork：Haworth Press,2002.

Neville D. Putting Empowerment into Practice：Turning Rhetoric into Reality[M]. London：Whiting and Birch，2004.

Nerdrum P，Ronnestad M H. The Trainees'Perspective：A Qualitative Study of Learning Empathic Communication in Norway[J]. The Counseling Psychologist，2002，30(4)：609-629.

Newsome Jr M，Pillari V. Job Satisfaction and the Worker? Supervisor Relationship [J]. The Clinical Supervisor,1992，9(2)：119-129.

O'Hagan K. Competence in Social Work Practice：A Practical Guidefor Students and Professionals[M]. London：Jessica Kingsley Publishers，2007.

O'Donoghue K. Restorying Social Work Supervision[M]. Palmerston North，New Zealand：Dunmore Press，2003.

O'Donoghue K，Tsui M S. Social Work Supervision Research (1970—2010)：The Way We were and the Way Ahead[J]. The British Journal of Social Workers，2015，45(2)：616-633.

Orlikowski W J. The Duality of Technology：Rethinking the Concept of Technology in Organizations[J]. Organization Science,1992，3(3)：398-427.

Orlikowski W J. Using Technology and Constituting Structures：A Practice Lens for Studying Technology in Organizations[J]. Organization Science，2000,11(4)：404-428.

Poertner J，Rapp C A. What is Social Work Supervision? [J]. The Clinical Supervisor,1983,1(2)：53-65.

Rauktis M E，Koeske G F. Maintaining Social Worker Morale：When

Supportive Supervision is Not Enough [J]. Administration in Social Work, 1994,18(1): 39-60.

Reid H L,Westergaard J. Providing Support and Supervision: An Introduction for Professionals Working with Young People[M]. London: Routledge,2013.

Renfro-Michel E,Rousmaniere T, Spinella L. Technological Innovations in Clinical Supervision: Promises and Challenges [M]//Rousmaniere T, Renfro-Michel E. Using Technology to Enhance Clinical Supervision. Alexandria, V A: American Counseling Association, 2016.

Rich P. The Form, Function, and Content of Clinical Supervision: An Integrated Model[J]. The Clinical Supervisor, 1993,11(1): 137-178.

Richard L E, Edwards R L. Encyclopedia of Social Work [M]. Washington D. C. : National Association of Social Workers, 1995.

Social Care Institute for Excellence. Managing Practice: Supervision and the Organization[EB/OL]. https://www. scie. org. uk/publications/ guides/ guideO1 /review/.

Sandberg J. Understanding Human Competence at Work: An Interpretative Approach[J]. Academy of Management Journal,2000,43(1): 9-25.

Schön D. The Reflective Practitioner: How Professionals Think in Action[M]. New York: Basic Books,1984.

Schön D. Educating the Reflective Practitioner[J]. Journal of Continuing Education in the Health Professions,1987,9(2): 115-116.

Shulman L. Skills of Supervision and Staff Management [M]. New York: Peacock Publisher,1982.

Silver P T, Poulin J E, Manning R C. Surviving the Bureaucracy: The Predictors of Job Satisfaction for the Public Agency Supervisor[J]. The Clinical Supervisor, 1997, 15(1): 1-20.

Smalley R E. Theory for Social Work Practice[M]. New York：Columbia University Press，1946.

Specht H，Courtney M E. Unfaithful Angels：How Social Work Has Abandoned Its Mission[M]. New York：Simon and Schuster，1995.

Spencer L M，Spencer S M. Competence at Work Models for Superior Performance[M]. New York：John Wiley & Sons，2008.

Siporin M. Introduction to Social Work Practice [M]. London：Macmillan，1975.

Stoof A，Martens R L，Van Merrienboer J J G，et al. The Boundary Approach of Competence：A Constructivist Aid for Understanding and Using the Concept of Competence [J]. Human Resource Development Review，2002，1(3)：345-365.

Tebes J K，Kaufman J S，Connell C M. The Evaluation of Prevention and Health Promotion Programs[M]//Roona M R，Streke A V，Marshall D G. The Encyclopedia of Primary Prevention and Health Promotion. Boston，MA：Springer，2003：42-61.

Townend M. Interprofessional Supervision from the Perspectives of Both Mental Health Nurses and Other Professionals in the Field of Cognitive Behavioural Psychotherapy[J]. Journal of Psychiatric and Mental Health Nursing，2005，12(5)：582-588.

Tsui M S. The Roots of Social Work Supervision：An Historical Review[J]. The Clinical Supervisor，1997，15(2)：191-198.

Tsui M S，Ho W S. In Search of a Comprehensive Model of Social Work Supervision[J]. The Clinical Supervisor，1998，16(2)：181-205.

Tsui M S. Social Work Supervision：Contexts and Concepts. Thousand Oaks，CA：Sage Publications，2005.

Van Klink M R，Boon J. Competencies：The Triumph of a Fuzzy Concept[J]. International Journal of Human Resources Development and

Management, 2003, 3(2): 125-137.

Vass A. Social Work Competences: Core Knowledge, Values and Skills[M]. London: Footprints Books,1996.

Virtue C, Fouche C. Multiple Holding: A Model for Supervision in the Context of Trauma and Abuse [J]. Aotearoa New Zealand Social Work, 2009, 21(4): 64-72.

Vargus I D, Karpius D J. Supervision in Social Work[M]//Kurpius D J, Baker R D, Thomas I D. Supervision of Applied Training: A Comparative Review. Westport,CT:Greenwood, 1977.

Wepa D. Active Participation in Supervision[M]//Wepa D. Clinical Supervisionin Aotearoa/New Zealand: A health perspective. North Island (North),New Zealand:Pearson Education New Zealand, 2007.

Waterson J, Morris K. Training in "Social" Work: Exploring Issues of Involving Users in Teaching on Social Work Degree Programmes[J]. Social Work Education, 2005, 24(6): 653-675.

Webster T. Economic Rationalism: The Nature, Influence and Impact of the Doctrine Over the Last Decade in Australia[J]. Australian Social Work, 1995,48(4): 41-47.

Westergaard J. Line Management Supervision in the Helping Professions: Moving from External Supervision to a Line Manager Supervisor Model[J]. The Clinical Supervisor, 2013,32(2): 167-184.

White E, Winstanley J. Clinical Supervision and the Helping Professions: An Interpretation of History[J]. The Clinical Supervisor, 2014,33 (1): 3-25.

Winterton J, Winterton R. Validation and Recognition of Competences and Qualifications in the UK[R]. Employment Research Institute, Napier University,Edinburgh,1998.

Wiegand C F. Using a Social Competence Framework for Both Clientand Practitioner [M]// Clark F W，Arkava M. The Pursuit of Competence in Social Work. Washington D. C. ：Jossey-Bass Publishers,1979.

Woods J. Supervision From an Informal Education/Youth Work Perspective[C/OL]//Edwards A. Supporting Personal Adviserin Connexions. Canterbury：Canterbury Christ Church University College. (2001-05-27)[2018-11-10]. https：//warwick. ac. uk/fac/soc/ier/ngrf/effectiveguidance/improvingpractice/guidance-practice/supervision/cccuc_occpaper_supervision__mentoring. pdf.

Young T L，Lambie G W，Hutchinson T，et al. The Integration of Reflectivity in Developmental Supervision：Implications for Clinical Supervisors[J]. The Clinical Supervisor,2011,30(1)：1-18.

Zastrow C. Instructor's Manual to Accompany Introduction to Social Work and Social Welfare [M]. Calfornia：Brooks/Cole Publishing Company,1996.

Zhdanova S N. Improving the Professional Competence of a Future Social Worker Social Security Institutions：Theory and Practice [J]. Middle East Journal of Scientific Research,2013,17(11)：1574-1577.

后　记

本书源自我的博士学位论文，因此后记部分，依旧想保留致谢内容。一般说来，到致谢部分即是"行文至此……"是一项"工程"的尾声。但致谢部分，其实是我博士学位论文开始之初、思绪迷茫之时的起点。回想博士刚入学时，我对自己有着很高的期待，一度计划着提前毕业，对自己的能力过度自信，以至于在博士学位论文初期，因选题、寻找研究问题以及重新选择研究对象和调研点等等事项，开始怀疑自己。当不能做到对自己宽慰、同理及淡然处之时，随之而来的便是焦虑、不安及退缩。所谓"万事开头难"，于我，这句话真是再贴切不过。每每回想到这些，都特别感谢我的导师童敏教授，他从未失去指导的耐心，一直鼓励我，每周举行的实务研究讨论会是支撑我这样一个自律性欠佳的人完成写作的动力和强心剂。并且，童敏教授的为人、学识，对发展社会工作事业的赤诚之心以及对学生真切的关怀和尽心尽力的指导，都对我选择继续从事社会工作教学和研究工作产生了深刻的影响，我想这也是同门兄弟姐妹间深深凝聚在一起的原因。

感谢胡荣教授、徐延辉教授、易林教授和朱东亮教授让我看到教学与学术结合的价值和乐趣，让我感受到学者的魅力。2015 年，博士研究生复试时第一次见到几位老师，他们风趣又有见解的提问既展开了博士期间的"第一堂课"，也是我们 2015 级社会学系几名博士生建立友谊开端——复试的问题理所当然成为几名考生初次交流探讨的内容。感谢魏爱棠、杨凌燕、周志家、郑思明等社会学系和社会工作系的老师们这几年的指导和关爱。还要感谢徐明心教授,仅仅因为一次学术会议上的交流,徐教授知悉我的研究兴趣是社会工作督导,就向我分享了数十篇该领域的经典文献以及他个人不断更新的相关研究成果,徐老师对学术的热爱、对后辈的关照深深感染了我。

感谢博士期间相互支持的同学和朋友们,特别是我的师弟师妹们,作为师姐,非但没有多多照顾你们,反而经常被你们照顾,感觉温暖贴心又惭愧。另外,要特别感谢我的好友刘芳、海涛、宝红和嘉祥,我们一起度过了数不清的开心、失落、迷茫、得意的时刻,与你们一起经历的一切是我生命中无可取代的美好经历!感谢我的家人们,没有你们的理解和支持,我无法经历这段美好的时光,无论走向何方,家人们共同构筑了一面永远不会倒塌的支撑我的墙!

感谢所有支持这项研究及参与这项研究的社会工作机构、一线社会工作者和督导者们,没有你们的支持与合作,就没有这本书稿的诞生。整个写作过程中,我一直都在想,这些文字,会给读者带来什么益处?答案似乎是很残酷的。行文到最后,我也在反思我到底是带着什么样的价值取向去探讨社会工作督导的方方面面的。很显然,我不是价值中立的,我是偏心的,我多么希望可以用来描述的现实是美好的,笔下的督导实践都是被认同的。我希望我可以不带批判的视角和思维去客观地审视和接纳社会工作领域的所有瑕疵。访谈过程中,一些督导者和社会工作者会问我:"你是研究督导的,你能跟我说说专业督导应该是什么样吗?"我说,很遗憾,我也不知道,也许我完成这项研究会知道。但即使论文完成了,我好像还是回答不了这个问题。所以对于我的研究合作者们,我很抱歉,我无法回答专业督导到底是什么样的,我只能回答在当前的发展情境中,它不应该只留于"督导"外部知识的描述,而督导的内部知识——有效地传递经验和指导实践——期待着你们的实践智慧,期待着我的未来研究。

这是一本存在一定瑕疵的作品,但我仍愿意鼓起勇气将其献给所有我爱的人和我爱的社会工作事业,保持热爱,时刻省思,继续前行!

史天琪

2024 年 4 月